reinhardt

Timm Albers

Mittendrin statt nur dabei

Inklusion in Krippe und Kindergarten
2., durchgesehene Auflage

Ernst Reinhardt Verlag München Basel

Jun. Prof. Dr. *Timm Albers*, Sonderpädagoge, lehrt Frühkindliche Bildung an der Pädagogischen Hochschule Karlsruhe.

Bibliografische Information der Deutschen Nationalbibliothek

Die Deutsche Nationalbibliothek verzeichnet diese Publikation in der Deutschen Nationalbibliografie; detaillierte bibliografische Daten sind im Internet über <http://dnb.d-nb.de> abrufbar.
ISBN 978-3-497-02340-0 (Print)
ISBN 978-3-497-60086-1 (E-Book)
2.Auflage

Printed in Germany
Reihenkonzeption Umschlag: Oliver Linke, Augsburg
Coverbild unter Verwendung eines Fotos von Timm Albers
Satz: cs print consulting gmbh, Berlin

Ernst Reinhardt Verlag, Kemnatenstr. 46, D-80639 München
Net: www.reinhardt-verlag.de E-Mail: info@reinhardt-verlag.de

Inhalt

Einleitung 7

1 Einordnung in den theoretischen Zusammenhang 9

1.1 Von der Integration zur Inklusion 9
1.2 Pädagogische Prinzipien im Umgang mit Vielfalt 16

2 Rechtliche Grundlagen 25

2.1 UN-Kinderrechtskonvention 25
2.2 UN-Behindertenrechtskonvention 26
2.3 Gesetzliche Grundlagen in Deutschland 30
2.4 Gesetzliche Grundlagen in Österreich 31
2.5 Gesetzliche Grundlagen in der Schweiz 33

3 Dimensionen der Vielfalt in der Frühpädagogik 37

3.1 Entwicklungsgefährdungen 40
3.2 Verhalten 41
3.3 Familien in Armutslagen 44
3.4 Beeinträchtigungen der Sprache und des Sprechens 51
3.5 Mehrsprachigkeit 60
3.6 Sinnesbeeinträchtigungen und Körperbehinderungen 65
Hörminderung 65
Sehstörungen 68
Körperbehinderung 70
3.7 Geistige Behinderung 72

4 Gestaltung pädagogischer Prozesse 76

4.1 Unterstützung der Peerinteraktion 76

4.2 Individuelle Entwicklungsplanung 87

4.3 Beobachtungs- und Dokumentationsverfahren 92

5 Kooperation mit Familien 98

5.1 Ausgangslage der Familien 98

5.2 Familien mit einem Kind mit Behinderung 105

6 Empfehlungen für die Weiterentwicklung von Einrichtungen 113

6.1 Inklusive Qualität 113

6.2 Standards in Kindertageseinrichtungen 114

Literatur 118

Sachregister 125

Einleitung

„Bildung von Anfang an!" – Dieses Motto könnte viele der aktuellen Bemühungen um die frühkindliche Bildung beschreiben. Die öffentliche Diskussion um die Chancen und Risiken von Kindertagesbetreuung ist derzeit stark vom Gedanken bestimmt, allen Kindern so früh wie möglich eine bestmögliche Entwicklungsumgebung bereitzustellen. Krippen und Kindergärten kommt dabei die Aufgabe zu, Kinder dabei zu unterstützen, ihre individuellen Interessen und Begabungen gemeinsam mit anderen Kindern zu entdecken.

Die Grundlage für eine erfolgreiche Entwicklung wird dabei in den ersten Lebensjahren gelegt. Die Anregungen, die ein Kleinkind in seiner Umwelt erhält, entscheiden darüber, ob und wie es seine Potenziale entfalten kann. In den ersten Jahren kommt es daher darauf an, die Lernmotivation des Kindes zu erhalten und angemessen zu fördern. Zwar stellt die Familie den wichtigsten Faktor für eine gelingende Bildungskarriere dar, es besteht jedoch die bildungspolitische Hoffnung, dass herkunftsbedingte Benachteiligungen am wirksamsten in frühen Entwicklungsphasen durch eine Betreuung außerhalb der Familie kompensiert werden können. Kinder mit Migrationshintergrund und Kinder aus Familien in Armutslagen stehen vor einem vergleichsweise höheren Risiko, an den Voraussetzungen der Schule zu scheitern. In diesem Zusammenhang stellt die Familienberichterstattung der Bundesregierung die Bedeutung einer frühzeitigen Tagesbetreuung für Kinder in den Vordergrund: Ein qualitativ hochwertiges Angebot ist demnach eine wichtige Ressource für die individuelle Entwicklung der Kinder und für die Lebensgestaltung der Familie.

Unser Bildungssystem ist traditionell durch eine Homogenisierungstendenz geprägt, die sich dadurch kennzeichnet, möglichst gleichartige Lerngruppen zu schaffen und Kinder mit Beeinträchtigungen in gesonderten Einrichtungen zu unterstützen. In den letzten Jahrzehnten ist jedoch vor allem in der Frühpädagogik eine Neuorientierung erkennbar, die sich am Leitbild einer integrativen/inklusiven Erziehung orientiert und die gemeinsame Bildung, Betreuung und Erziehung von Kindern mit und ohne Behinderungen der Betreuung in Sonderschulen und Sonderkindergärten vorzieht. Aktuelle Forschungsergebnisse (Heimlich/Behr 2007) unterstreichen dabei eindrucksvoll das Potenzial für alle Kinder, wenn Vielfalt von Fachkräften nicht als Bedrohung, sondern vielmehr als pädagogische Herausforderung verstanden wird. Jedoch werden dabei die hohen Ansprüche einer inklusiven Bildung, die an die fachliche Qualität in Kindertageseinrichtungen zu stellen sind, betont: Inklusion in Krippe und Kindergarten braucht Professionalität und setzt ein verändertes Verständnis individueller Förderung und Unterstützung voraus.

Das vorliegende Buch versteht sich in diesem Zusammenhang als Leitfaden für die frühpädagogische Praxis im Umgang mit Vielfalt und möchte in der Ergänzung des eingangs erwähnten Leitsatzes einen Beitrag zur **gemeinsamen** Bildung von Anfang an leisten.

1 Einordnung in den theoretischen Zusammenhang

1.1 Von der Integration zur Inklusion

Mit dem Begriff der Inklusion verbindet sich in der Frühpädagogik der Gedanke, allen Kindern das gemeinsame Aufwachsen in einer Kindertageseinrichtung zu ermöglichen.

Ursprünge der Inklusion

Die Inklusionspädagogik geht auf die Integrationsbestrebungen der 1970er Jahre zurück, die sich zum Ziel gesetzt hatten, die gemeinsame Bildung von Kindern mit und ohne Behinderung in Kindergarten und Schule voranzutreiben. Im Unterschied zu der damals üblichen Praxis, Kinder mit Behinderung in dafür spezialisierten Sondereinrichtungen unterzubringen, waren es insbesondere Eltern, die auf die Umsetzung einer gemeinsamen Erziehung von Kindern mit und ohne Behinderung im pädagogischen Alltag von Regeleinrichtungen drängten. Während im Kindergartenbereich mittlerweile eine hohe Anzahl von integrativen Plätzen zur Verfügung steht, stellt die gemeinsame Erziehung von behinderten und nichtbehinderten Kindern in der Schule noch lange keine Selbstverständlichkeit dar. Im Zuge des Ausbaus der Kindertagesbetreuung von Kindern im Altersbereich bis drei Jahre besteht diesbezüglich ebenfalls hoher Handlungsbedarf, da das Angebot an Plätzen für Kinder mit Behinderung bei Weitem nicht ausreicht, um den von Eltern formulierten Bedarf zu decken. Darüber hinaus muss das in den Bildungsplänen formulierte Recht auf Bildung natürlich allen Kindern gewährt werden.

Organisationsformen

Um die pädagogischen Zielsetzungen im integrativen Kontext erfüllen zu können, haben sich in der frühpädagogischen Praxis verschiedene Formen der gemeinsamen Bildung, Betreuung und Erziehung von Kindern mit und ohne Behinderung etabliert. So existieren Einrichtungen mit einer grundsätzlich integrativen Ausrichtung in allen Gruppen. Neben Integrationsgruppen in Regeleinrichtungen erhält die Einzelintegration zunehmenden Stellenwert, wenn keine Kindertageseinrichtung mit integrativer Ausrichtung vor Ort ist. Die gewünschte Regeleinrichtung erklärt sich auf Antrag der Eltern dazu bereit, ein Kind mit einer Behinderung aufzunehmen. Diese Form der Integration unterstützt die soziale Einbindung des Kindes und stellt eine Möglichkeit dar, Freundschaften aus der alltäglichen Umgebung aufrechtzuerhalten. Auf der anderen Seite besteht darin aber die Gefahr, dass sich das pädagogische Team bei einer Ad-hoc-Integration nicht genügend auf die Bedürfnisse von Familien mit einem behinderten Kind vorbereitet fühlt oder aus Angst vor Überforderung keine schwerer beeinträchtigten Kinder aufgenommen werden (Riedel 2005).

integrative Prozesse

Ein Meilenstein der damaligen Integrationspädagogik kann in den Ergebnissen der Forschergruppe um Helmut Reiser (Klein et al. 1987) gesehen werden, die in der Begleitung des Modellversuchs zur Integration von Kindern mit Behinderung Voraussetzungen auf verschiedenen Ebenen formuliert haben, die auch in jüngeren Positionen (Prengel 2010; Kron 2011) aufgegriffen werden und in der Diskussion um Inklusion von hoher Aktualität sind. Die soziale Integration eines Kindes wird im Verständnis von Reiser nicht allein dadurch gewährleistet, dass dem Kind ein Integrationsplatz in einer Regeleinrichtung bereitgestellt wird. Integration stellt vielmehr einen Prozess dar, der sich auf mehreren Ebenen vollzieht:

> „Als integrativ im allgemeinsten Sinn bezeichnen wir diejenigen Prozesse, bei denen ‚Einigungen' zwischen widersprüchlichen innerpsychischen Anteilen, gegensätzlichen Sichtweisen, interagierenden Personen und Personengruppen zustande kommen. Einigungen erfordern nicht einheitliche Interpretationen, Ziele und Vorgehensweisen, sondern vielmehr die Bereitschaft, die Positionen der jeweils anderen gelten zu lassen, ohne diese oder die eigene Person als Abweichung zu verstehen" (Klein et al. 1987, 38).

Nach dieser Definition von integrativen Prozessen reicht also der Kontakt eines Kindes mit Behinderung zu Kindern ohne Behinderung allein nicht aus. Vielmehr müssen integrative Prozesse auf verschiedenen Ebenen ineinandergreifen, um gemeinsame Bildung, Betreuung und Erziehung ohne Aussonderung ermöglichen zu können (Kron 2011):

- *auf der subjektiven, der innerpsychischen Ebene:* Reflexion der eigenen Einstellung und Haltung gegenüber Andersartigkeit,
- *auf der interaktionellen Ebene:* Herstellung von gemeinsamen Spielsituationen und Handlungen innerhalb der

Peergroup, aber auch die Zusammenarbeit im pädagogischen Team,

- *auf der institutionellen Ebene:* Bereitstellung einer angemessenen Lernumgebung in der Kindertageseinrichtung, Öffnung gegenüber Familien, Fachdiensten und Stadtteil bzw. Kommune; Barrierefreiheit
- *und auf der gesamtgesellschaftlichen Ebene:* Positionierung gegenüber Diskriminierung, Öffentlichkeitsarbeit.

So bedeutsam ein Diskriminierungsverbot auf gesellschaftlicher Ebene ist, reicht es im Einzelfall dennoch nicht aus, um die soziale Ausgrenzung eines Kindes in der Kindertageseinrichtung zu verhindern, da sich das Spielgeschehen von Kindern oftmals dadurch kennzeichnet, dass andere Kinder bewusst von der Interaktion ausgeschlossen werden. Erschwernisse in der Peerinteraktion treten dabei unabhängig von der Diagnose einer Behinderung auf und können ebenso für Kinder mit Deutsch als Zweitsprache, Kinder aus Familien in Problemlagen, Kinder mit ungesteuertem Verhalten und entwicklungsgefährdete Kinder gelten. Pädagogische Unterstützung wird dann nötig, wenn Kinder nicht in der Lage sind, aufgrund ihrer Kompetenzen befriedigende Interaktionsprozesse zu etablieren oder aufrechtzuerhalten (Kron 2011).

Rolle der Erwachsenen

Casey (2011) verweist in diesem Zusammenhang auf die Rolle der Erwachsenen als empathische Spielgefährten und Mittler, wenn diese bemerken, dass sich ein Spiel aufzulösen droht oder Prozesse der Exklusion offensichtlich werden. Die Autorin nennt dabei „subtile und effektive Strategien", um die Kommunikation zwischen den Kindern zu ermöglichen oder zu erleichtern. Durch gezieltes Eingreifen oder durch die Einführung neuer Rollen und Spielobjekte kann die pädagogische Fachkraft beispielsweise die Weiterentwicklung eines Spiels so beeinflussen, dass Kindern die Teilhabe am Spiel ermöglicht wird, die ansonsten vom Spielprozess ausgeschlossen werden würden. Ytterhus (2011) bezeichnet dabei die „Membran" zwischen inkludierendem und exkludierendem Umgang in der Peergroup als sehr dünn, die Instabilität der Struktur im sozialen Umgang der Kinder könne von kompetenten pädagogischen Fachkräften jedoch in die gewünschte Richtung gelenkt werden (→ Kap. 1.2). Beispiele gelingender Interaktion unterstreichen die Chancen einer frühen gemeinsamen Bildung.

Integration im Sinne Reisers bedeutet also nicht eine unrealistische Forderung nach der Gleichheit aller, sondern akzeptiert die Andersartigkeit von Interaktionspartnern, ohne diese als Abweichung zu verstehen und als Anlass zur Ausgrenzung zu nehmen. Das Modell der integrativen Prozesse bietet vielmehr einen Analyserahmen für die Reflexion der eigenen pädagogischen Arbeit in der Kindertageseinrichtung:

- Wie ist meine eigene Einstellung gegenüber Heterogenität?
- Wie gestalte ich die Interaktion mit Kindern und Erwachsenen und welche Bedeutung spielen dabei Hierarchien in der Elternarbeit?
- Kann in diesem Zusammenhang von einer echten Erziehungs- und Bildungspartnerschaft gesprochen werden?
- Welche Vorurteile werden in der Arbeit offensichtlich?
- Wie kann ein pädagogisches Setting geschaffen werden, das sich an den Bedürfnissen aller Kinder orientiert und entwicklungsangemessene Impulse zur Förderung gibt?

Werden auf allen Ebenen integrative Prozesse in Gang gesetzt, kann davon ausgegangen werden, dass damit positive Effekte auf die Entwicklung aller Kinder erzielt werden können, nicht nur auf die der Kinder mit Behinderung.

Trotz eines derart umfassenden theoretischen Verständnisses gibt es vor allem in der schulischen Integrationsentwicklung zahlreiche Beispiele des Nichtgelingens. Oft wird nicht der Unterricht als Ganzes so verändert, dass das Kind mit Behinderung mit den anderen Kindern lernen kann, sondern es bleibt beim bisherigen Unterricht, wobei zusätzliche Angebote für das Kind mit Behinderung hinzukommen. Die von Fachvertretern als „Besenkammerintegration“ bezeichnete Form der Unterrichtung von Schülerinnen und Schülern in dafür vorgesehenen Förderräumen in der Regelschule führt darüber hinaus vielmehr zu einer Verfestigung der Sonderposition innerhalb der Klassengemeinschaft. Kindertageseinrichtungen haben gegenüber Schulen den Vorteil, dass sie von ihrem pädagogischen Selbstverständnis nicht auf Selektion ausgerichtet sind. So verfolgt der weit verbreitete Situationsansatz das Ziel, Kinder mit unterschiedlicher Ausgangslage zu unterstützen, in gegenwärtigen und künftigen Lebenssituationen selbstbestimmt, solidarisch und sachkompetent zu handeln. Dennoch wird davor gewarnt, dass Kinder mit Behinderung vorschnell und ohne Vorbereitung der frühpädagogischen Fachkräfte aufgenommen werden, da das Gelingen sozialer Integration von kompetentem Fachpersonal abhängt (Jungmann/Albers 2008).

Angesichts der zunehmenden Stagnation der Integrationsentwicklung wird im Begriff der Inklusion ein wichtiger Impuls für Kindertageseinrichtungen und Schulen gesehen (z. B. Hinz 2000). Der damit angestoßene Begriffswechsel ermöglicht neue Perspektiven für Theorie und Praxis, setzt aber auch wichtige bildungspolitische Akzente für die Weiterentwicklung der Frühpädagogik.

Konsequenzen der Inklusionsdebatte

Die Realisierung von Inklusion in Bildungsinstitutionen ist mit weitreichenden pädagogischen Handlungskonsequenzen verbunden, da die inklusive Pädagogik ein grundlegend verändertes Verständnis von Normalität und Vielfalt voraussetzt. Während mit dem Konzept der Integration vor allem die Teilhabe von Kindern mit Behinderung im Bildungssystem fokussiert wurde, bezieht die Inklusionspädagogik alle Erscheinungsformen von Heterogenität mit ein: Kinder unterscheiden sich hinsichtlich ihres Geschlechts, der sozialen Voraussetzungen, der Nationalität, Ethnie, des Alters und auch ihrer körperlichen Verfassung und Intelligenz voneinander. Diese Dimensionen der Vielfalt werden jedoch nicht als Risiko, sondern als bereichernd anerkannt und als alltäglicher Bestandteil des Zusammenlebens von Kindern und Erwachsenen wertgeschätzt. In diesem Kontext versteht sich Inklusion auch als Konzept zur Überwindung von Benachteiligung und Diskriminierung im Bildungssystem aufgrund individueller Zuschreibungen oder Merkmale zugunsten einer Orientierung an den Ressourcen eines jeden Kindes.

Behindertenrechtskonvention

Gegenwärtig erhält die Diskussion um Inklusion im Bildungssystem besondere Relevanz, da mit der Unterzeichnung der Behindertenrechtskonvention durch die meisten Staaten der Welt Impulse für Veränderungen ihrer Bildungssysteme einhergehen.

Die im Dezember 2006 durch die Generalversammlung der Vereinten Nationen (UN) verabschiedete Konvention zum Schutz und zur Förderung der Rechte behinderter Menschen legt ein internationales Übereinkommen vor, das den Schutz der in zahlreichen UN-Konventionen und Vereinbarungen geregelten Menschenrechte zusammenfasst und regelt. Auf der Internetseite www.institut-fuer-menschenrechte.de ist die Konvention in der von der Schweiz, Liechtenstein, Österreich und Deutschland abgestimmten deutschsprachigen Übersetzung, in der englischen Originalfassung sowie in leichter Sprache verfügbar. Alle Staaten, die diesen Völkerrechtsvertrag in ihren nationalen Parlamenten ratifiziert haben, sind verpflichtet, ihre nationale Gesetzgebung so auszurichten, dass die in der Konvention geregelten Rechte verwirklicht werden können. Damit wird die Voraussetzung für eine gesellschaftliche Entwicklung geschaffen, die Menschen unabhängig von persönlichen Eigenschaften oder Zuschreibungen als vollwertige und gleichberechtigte Bürger ihres Landes anerkennt. Die damit geschaffene Rechtslage betont das Recht aller Menschen auf gleichberechtigte Teilhabe am gesellschaftlichen Leben und auf Vermeidung von Benachteiligungen. Während sich Österreich und Deutschland zur Umsetzung dieser Vorgaben verpflichtet haben, gehört die Schweiz zu den wenigen Ländern, in denen dies noch aussteht. (Eine vertiefende Auseinandersetzung mit den Konsequenzen der UN-Konvention für die frühpädagogische Praxis in Deutschland und Österreich findet ebenso wie die Darstellung des Diskussionsstandes in der Schweiz in → Kap. 2 statt.)

der Auftrag: ein inklusives Bildungssystem

Mit dem Inkrafttreten der UN-Konvention zum Schutz der Rechte von Menschen mit Behinderung stehen Bildungsinstitutionen mehr denn je vor der Aufgabe, die Forderungen nach einem inklusiven Bildungssystem umzusetzen. Dabei ist es von großer Bedeutung, dass ein fachliches Verständnis entwickelt wird, welches Inklusion nicht mit Integration gleichsetzt, sondern Veränderungen in der Institution fokussiert. Nicht mehr die Frage danach, ob ein Kind aufgenommen werden kann, sondern vielmehr die Frage, wie sich eine Einrichtung verändern muss, um ein Kind mit seinen individuellen Bedürfnissen aufnehmen zu können, muss im Vordergrund von konzeptioneller Arbeit und pädagogischem Handeln stehen.

Von diesem Leitbild einer Pädagogik der Vielfalt (→ Kap. 1.2) ist die derzeitige Integrationspraxis in der vorschulischen Bildung, Betreuung und Erziehung noch weit entfernt, obwohl es bereits zahlreiche Einrichtungen gibt, die den Erfolg der gemeinsamen Sozialisation von Kindern, unabhängig von individuellen Unterschieden, eindrücklich nachweisen. Trotz einer langjährigen Erfahrung mit der gemeinsamen Erziehung in Deutschland, Österreich und der Schweiz, die auf die Modellprojekte der 1980er Jahre zurückgeht, erfolgt die Anbahnung der Integration behinderter Kinder in Krippe und Kindergarten immer noch vor dem Hintergrund einer Defizit geleiteten Theorie. So können erst nach der Feststellung eines Förderbedarfs die entsprechenden sonder- oder heilpädagogischen Unterstützungsmaßnahmen zugewiesen werden. Dieses Problem wird in der sonderpädagogischen Fachdiskussion als *Etikettierungs-Ressourcen-Di-*

lemma (Kornmann 1994) bezeichnet und beschreibt den Widerspruch von pädagogischem Anspruch und der durch Verwaltungshürden geprägten Praxis: Während die entwicklungspsychologische und pädagogische Theoriebildung darin übereinstimmt, dass frühpädagogische Fachkräfte die Stärken und Interessen eines Kindes zum Ausgangspunkt ihrer Arbeit machen sollen, müssen sie in Gutachten aber gleichzeitig auf die Defizite eines Kindes aufmerksam machen, damit notwendige Unterstützungsmaßnahmen durch Therapeuten und Fachdienste finanziert werden können.

Mit der Realisierung der UN-Konvention in Bildungsinstitutionen ist die Hoffnung verbunden, dass der im englischen Originaltext verwendete Begriff der „inclusive education" weit mehr Dynamik entwickelt, als dies in der derzeitigen Integrationspraxis erkennbar wird. Der Begriff ‚inclusion' wird in der deutschen Fassung der Konvention jedoch mit ‚Integration' übersetzt. Dieser Begriff hat sich im deutschen Bildungssystem für die Eingliederung von Menschen mit einer Behinderung etabliert, so dass eine synonyme Verwendung aus fachlicher Perspektive verkürzt erscheint. Inklusion ist vielmehr mit einem gesellschaftlichen und bildungspolitischen Paradigmenwechsel verbunden und geht damit weit über die Zielvorgaben von Integration hinaus:

- Integration will den Menschen mit Behinderung in ein bestehendes System einpassen, Inklusion hingegen betrachtet den Menschen von Anfang an als Teil der Gesellschaft.
- Inklusion nimmt keine Unterteilung in Gruppen (Menschen mit Behinderung, Frauen, Menschen mit Migrationshintergrund etc.) vor, sie will das System (z.B. Krippe, Kindergarten, Schule, Arbeit, Wohnen) an die Bedürfnisse der Menschen anpassen.
- Inklusion basiert auf dem „Diversity"-Ansatz: Die Unterschiedlichkeit aller Menschen ist kein zu lösendes Problem, sondern eine Normalität. An diese Normalität wird das System angepasst und nicht umgekehrt.

Um den besonderen Bedürfnissen auch von Kindern mit erhöhtem Entwicklungsrisiko besser gerecht werden zu können, ist es innerhalb einer inklusiven Frühpädagogik daher notwendig,

- die Früherkennung von Entwicklungsproblemen in Einrichtungen zu verbessern,
- der besonderen Situation aller Kinder in der pädagogischen Arbeit Rechnung zu tragen (z.B. soziale Ausgrenzung zu verhindern),
- präventive Programme in Kindertageseinrichtungen zu verankern,
- pädagogische und sonder- bzw. inklusionspädagogische Kompetenzen stärker zu vernetzen (z.B. durch mobile Beratungs- und Unterstützungssysteme) und
- die pädagogische Arbeit mit Institutionen des Gesundheitswesens (Kinder- und Jugendärzte, jugendärztlicher Dienst der Gesundheitsämter, sozialpädiatrische Zentren) unter interdisziplinären Zielsetzungen in die pädagogische Planung mit einzubeziehen.

Die hier dargestellten Anforderungen an eine inklusive Frühpädagogik werden insbesondere diejenigen Einrichtungen erfüllen können, die die eigene Arbeit im ständigen Austausch reflektieren und ihre Erkenntnisse zur Weiterentwicklung nutzen. Diese Qualität der pädagogischen Prozesse zeichnet sich dadurch aus, dass die Fähigkeiten und Bedürfnisse der Kinder zum Ausgangspunkt für die Formulierung individueller Bildungsziele genommen werden. In engem Austausch mit der Familie und in Abstimmung mit begleitenden Maßnahmen wie Therapien und Frühförderung kann dies zu mehr Sicherheit im Umgang mit dem Kind führen und zur Grundlage eines vertrauensvollen Betreuungsverhältnisses werden. Eine derart hochwertige Qualität kommt letztlich allen Kindern der Einrichtung zugute. So verwundert es nicht, dass Heimlich und Behr (2007) in ihrer Untersuchung von vier integrativen Krippen in München einen hohen Qualitätsstandard und große Zufriedenheit von Eltern und Fachkräften feststellen.

1.2 Pädagogische Prinzipien im Umgang mit Vielfalt

Pädagogik der Vielfalt

Eng verwoben mit dem theoretischen Modell integrativer Prozesse (Klein et al. 1987) sind die Überlegungen Prengels (2006) zur Pädagogik der Vielfalt. Die Autorin entwickelt eine Definition von Heterogenität, welche sie mit dem Begriff der „egalitären Differenz“ (2010, 2) konkretisiert: Grundlage des Zusammenlebens ist demnach Gleichheit aller Menschen im Sinne der gleichen Ausgangsvoraussetzungen auf der Grundlage der Menschenrechte (Egalität). Differenz wird in diesem Verständnis als freiheitliches und gleichberechtigtes, nicht hierarchisches Zusammenleben von Individuen verstanden. Diese Wertschätzung von Heterogenität wird im Deutschen insbesondere im Wort Vielfalt deutlich und prägt in diesem Verständnis auch das Konzept der Pädagogik der Vielfalt.

Kindergärten und Krippen sind im Vergleich zu Schulen grundsätzlich offener gegenüber heterogenen Gruppen als dies in Schulen der Fall ist. Sie ermöglichen ein Zusammenleben von Kindern, die sich aufgrund ihres Geschlechts, ihrer Herkunft, ihrer körperlichen, kognitiven, sprachlichen, kulturellen und sozial-emotionalen Voraussetzungen voneinander unterscheiden. Dieses Verständnis impliziert nicht, dass alle Kinder in einer Einrichtung gleich sind, sondern vielmehr, dass alle Kinder trotz ihrer Unterschiedlichkeit die gleichen Rechte haben. Die Herausforderung für frühpädagogische Fachkräfte besteht darin, dass neben der individualisierenden Perspektive auf das Kind und universellen Fragestellungen gegenüber allen Menschen auch Sensibilität gegenüber kollektiven Erkenntnissen zu Gruppen (Kinder mit Migrationshintergrund, Kinder mit Behinderung) gezeigt werden muss.

„Für professionelles pädagogisches Handeln kommt es darauf an, verallgemeinertes Regelwissen zu typischen kindlichen Lebenslagen mit auf Einzelfall bezogenem Fallverstehen zu kombinieren“ (Prengel 2010, 3).

Dieses für verschiedene Dimensionen von Vielfalt geltende Wissen soll in → Kap. 3 dargestellt werden.

Chancen der Vielfalt

Aus entwicklungspsychologischer Perspektive erscheint es wenig sinnvoll, Kinder in ihrer wichtigsten Sozialisationsphase voneinander zu isolieren, um dann später von ihnen verlangen, sich gegenseitig in ihrer Besonderheit zu achten und zu akzeptieren. Dadurch, dass Kinder in Krippe und Kindergarten in der Regel noch nicht zu homogenen Gruppen zusammengefasst werden, besteht im gemeinsamen Aufwachsen eine große Chance: So geht man in der Einstellungsforschung, die sich mit Bewertungen, Vorurteilen und Zuschreibungen von Personen und Personengruppen beschäftigt, davon aus, dass Kinder sich mit zunehmenden Alter immer negativer gegenüber Andersartigkeit äußern, gesellschaftlich tradierte Vorurteile übernehmen und schon ab dem achten Lebensjahr eine recht stabile Einstellung gebildet haben (Nickel 1999). Die Entwicklungschancen, die in der gemeinsamen Sozialisation liegen, gelten für alle Kinder: Im Vorschulalter lernen sie Gemeinsamkeiten und Unterschiede kennen und erleben diese als Normalität. Sie begegnen anderen Kulturen und Sprachen mit Interesse, vergleichen unterschiedliche körperliche Voraussetzungen mit ihren eigenen Möglichkeiten und sind offener gegenüber Andersartigkeit.

kindliche Kategorisierungen

Allerdings werden manche Kinder von Gleichaltrigen aus unterschiedlichen Gründen zunächst nicht als Spielpartner akzeptiert. Ytterhus (2011) beschreibt in diesem Zusammenhang, dass Kinder im Vorschulalter sich gegenseitig in Kategorien einordnen. So sprechen sie z. B. von den „Netten" und den „Komischen". Dabei sind die „Netten" alle Gleichaltrigen, die auf Angebote zum gemeinsamen Spiel wie erwartet reagieren. Kinder mit Bewegungsstörungen wurden in der Studie von Ytterhus (2011) zum Beispiel als „nett und krank" bezeichnet, was vor allem in Situationen passierte, in denen die Funktionsbeeinträchtigung relevant war (z. B. beim Fahrradfahren). Die „Komischen" waren dagegen Kinder, die den anderen zweideutig oder gänzlich unverständlich vorkamen. Diese Kinder sind in der Regel unattraktivere Spielpartner. Dabei ist das Wichtigste auch für sie, dass sie jemanden finden, mit dem sie spielen können bzw. der mit ihnen zusammen sein will. Um die besondere Bedeutung der pädagogischen Fachkraft als Wegweiser und integrierende Kraft zu betonen, werden im Folgenden die Ausdifferenzierungen dieser Kategorien exemplarisch betrachtet (Ytterhus 2011):

- Die ***nur Komischen*** sind häufig in ihrem Verhalten sehr außergewöhnliche Kinder, die aber nicht zwingend eine Behinderung haben müssen.
- Die ***Komischen und Kranken*** sind häufig Kinder mit Down-Syndrom oder Kinder mit Bewegungsstörungen, an die im Spiel andere Ansprüche gestellt werden oder denen Rollen zugewiesen werden, die zu ihrem Verhalten passen bzw. die diese ausfüllen können (z. B. wird Kindern mit Bewegungsstörungen im Kaufladenspiel die Rolle des Ladenbesitzers übertragen).
- Die ***Komischen und Langsamen*** sind Kinder, die eine längere Reaktionszeit haben oder einfach mehr Zeit brauchen, um etwas zu begreifen. Kinder ohne Diagnose einer Behinderung, aber auch Kinder mit geistiger Behinderung fallen in diese Kategorie.

- Die ***Komischen und Gemeinen*** sind Kinder, die häufig unbeabsichtigt Verbotsregeln übertreten, wie zum Beispiel die Regel, niemandem Schmerzen zuzufügen. Es müssen nicht unbedingt Kinder mit einer diagnostizierten Behinderung sein, häufig sind es aber Kinder, die über eine relativ gering entwickelte Sprachkompetenz verfügen.

Prengel (2010) bezeichnet darüber hinaus die Kontrolle über den Speichelfluss sowie über Blase und Darm als besonders bedeutsam, um nicht von Gleichaltrigen abgewertet zu werden. Auch Kinder, die nicht gemäß sozialer Konventionen handeln (zum Beispiel Jungen, die sich für vermeintlich weibliche Inhalte und Gegenstände interessieren), laufen Gefahr, von den Gleichaltrigen ausgeschlossen zu werden.

Kommunikation unter Gleichaltrigen

Für das Gelingen von Interaktion in der Gleichaltrigengruppe ist das Beherrschen grundlegender Kommunikationsstrategien wichtig. Diese sind letztlich auch ausschlaggebend für den Status und die Beliebtheit unter den anderen Kindern. Somit besteht die Gefahr, dass z.B. Kinder mit geringer Sprachkompetenz weniger Freunde und Spielpartner finden (Albers 2009) und eher einer der Unterkategorien der „Komischen“ zugeordnet werden. Die fehlende Fähigkeit, in Gespräche mit Gleichaltrigen zu treten, sie aufrechtzuerhalten oder auf Gesprächseröffnungen angemessen zu reagieren, kann sogar zu einem völligen Ausschluss von Freundschaften im Kindergarten führen. Betroffene Kinder entwickeln daraufhin kompensatorische Bewältigungsstrategien, indem sie eine stärkere Abhängigkeit zu Erwachsenen zeigen oder eigene Dialogbeiträge verkürzen. In der Folge geraten diese Kinder in einen Kreislauf, der durch die Verfestigung eines negativen Selbstbildes und sozialen Rückzug geprägt ist.

In der Konsequenz der Erkenntnisse aus heterogenen Kindergruppen dürfen Interaktionsprozesse unter Gleichaltrigen nicht ihrer Eigendynamik überlassen werden (Prengel 2010). Pädagogische Angebote sind daher so zu gestalten, dass Kinder in ihrer Individualität gestärkt werden und lernen, mit Unterschieden zu leben. Zur Realisierung stehen der pädagogischen Fachkraft verschiedene Methoden zur Verfügung. An dieser Stelle soll exemplarisch auf die der Dekonstruktion und die der Ermächtigung eingegangen werden (Jungmann/Albers 2008).

Dekonstruktion

Dekonstruktion bedeutet, sich kritisch mit sozialen Verhältnissen auseinanderzusetzen und Konzepte zu hinterfragen, die normalerweise für selbstverständlich gehalten werden. Auch Kinder im Vorschulalter verfolgen den Wunsch, sich Bedeutungen über die eigene Person und die Welt zu erschließen. Erwachsene können hier als Modell für eine Haltung stehen, ein Interesse für Unbekanntes zu entwickeln, Dingen ohne Vorurteile auf den Grund zu gehen und Handlungen zu hinterfragen. Dekonstruktion zeigt Kindern, dass durch Sprache nicht nur Bedeutungen festgelegt, sondern auch begrenzt werden. Sie hilft Kindern, über ihre Beziehungen und die Verhältnisse in der Welt wie Geschlecht, Altersunterschiede und Behinderung kritisch nachzudenken und sich Alternativen für eine Welt, in der Unterschiede respektiert werden, vorstellen zu können. Bereiche, die sich zur Dekonstruktion eignen, sind Machtverhältnisse in den Beziehungen der Kinder untereinander, in Büchern, Bildern und Filmen, in den aktuellen Ereignissen in ihrer näheren Umgebung und in ihrem Wissen über die Welt um sie herum.

Beispiel für Dekonstruktion: Von der Babykarre zum Rennauto

Ytterhus (2011) beschreibt sehr eindrücklich die Szene eines Kindergartenausflugs, in der ein fast sechsjähriger Junge mit geistiger Behinderung in einer Sportkarre gefahren wird, weil die frühpädagogischen Fachkräfte annahmen, dass er nicht so weit laufen könne. Er wird in der ersten Reihe, mit dem Gesicht zu den anderen gewandt, gefahren. Eines der anderen Kinder vergleicht den Jungen mit einem Baby, weil er in der Karre sitzt, woraufhin ein anderer Junge aus der Kindergartengruppe ihn zum Rennfahrer und die Karre zum Rennauto umdeutet. Die anderen Kinder und auch der geistig behinderte Junge steigen darauf ein, das weitere Gespräch dreht sich um Rennautos, der geistig behinderte Junge macht brummende Geräusche, während er den Kopf hin und her dreht.

Dieses Beispiel zeigt, wie wichtig es ist, dass jemand instabile Situationen in eine Richtung justiert, die Inklusion ermöglicht. Eine pädagogische Fachkraft sollte ein gutes Modell für die Kinder bieten und sensibel für die Dekonstruktionen der Kinder sein. Kinder hinterfragen ganz automatisch Zuschreibungen und verändern diese dann mit großer Kreativität. Wenn es Fachkräften gelingt, positive Umdeutungen der Kinder aufzugreifen und zu erweitern, können drohende Ausschlussprozesse verhindert werden.

Ermächtigung

Ermächtigung bedeutet immer, dass ein Machttransfer von jenen, die Macht haben, an andere, die sie nicht haben, stattfindet. Ermächtigung im pädagogischen Kontext bedeutet, Kindern die Macht darüber zu geben, etwas zu tun oder zu entscheiden, was sie tun möchten und wann. Eng verknüpft mit diesem Konzept sind die Vorschläge zum Erleben demokratischer Strukturen im Kindergarten, wie sie unter dem Stichwort Partizipation innerhalb der Freinet-Pädagogik diskutiert werden (Klein 2000). Beispielsweise könnten Kinder im morgendlichen Stuhlkreis mitentscheiden, wie der Tag gestaltet werden soll. In Werkstätten wird ihnen zum eigenverantwortlichen und selbstbestimmten Handeln Freiraum zur Auseinandersetzung mit pädagogisch nicht vorbereitetem Material gegeben.

Als spezielle Interventionsmethode ist Ermächtigung verbunden mit einer kritischen Herangehensweise an Erziehung mit dem Ziel, diskriminierende Strukturen in Frage zu stellen und zu verändern. Ermächtigung kann dazu beitragen, Kinder für Benachteiligungen bezüglich kultureller oder sozialer Herkunft, des Geschlechts und einer Behinderung zu sensibilisieren, diese zu hinterfragen und entwicklungsangemessen an deren Überwindung mitzuwirken. Das genannte Beispiel zur Dekonstruktion ist zugleich auch ein gutes Beispiel für Ermächtigung. Wenn es der Fachkraft gelingt, die Dekonstruktion der Kinder aufzugreifen und die

kindliche Initiative in eine positive Richtung zu lenken, steht dies im Einklang mit den übergeordneten Zielen des Kindergartens: Teilhabe, Gleichwertigkeit und Inklusion.

gemeinsames Denken

Im Zusammenhang mit der Qualitätsdiskussion in Tageseinrichtungen für Kinder wird verstärkt auch die Qualität der Fachkraft-Kind-Interaktion in den Vordergrund gestellt. Im Rahmen ihrer Studien arbeiten Sylva et al. (2004) Effekte der frühkindlichen Fremdbetreuung auf die kindliche Entwicklung heraus. Die Befunde lassen darauf schließen, dass pädagogische Settings, die sowohl soziales Lernen als auch kognitive Förderung gleichermaßen berücksichtigen, sich besonders günstig auf die Entwicklung der Kinder auswirken.

In diesem Zusammenhang misst König (2007) der Beteiligung von Kindern im Interaktionsprozess hohe Bedeutsamkeit zu. Erwachsene treten in diesem Verständnis in einen gleichberechtigten Dialog mit dem Kind ein. Als wichtige Voraussetzung zur Unterstützung von Lernprozessen und zur Herstellung lang anhaltender gemeinsamer Denkprozesse wird die Bereitschaft von frühpädagogischen Fachkräften herausgestellt, sich auf die Interaktion mit Kindern einzulassen und die Aufmerksamkeit auf die Bedürfnisse der Kinder auszurichten.

Beispiel für gemeinsames Denken: Dialogisches Bilderbuchlesen

Situationen des gemeinsamen Denkens können beim gemeinsamen Bilderbuchlesen entstehen, wenn über die Bilder ein Austausch zwischen Fachkraft und Kind stattfindet: Die dreijährige Nina, die im Kindergarten nur selten spricht, überrascht mit ihren sprachlichen Fähigkeiten, als sie im Bilderbuch einen Apfelbaum entdeckt: „Kennst du meinen Onkel? Der hat einen Garten mit einem Apfelbaum. Meine Tante pflückt die Äpfel, schält sie und macht dann die Kerne raus. Dann backt sie einen Apfelkuchen. Der schmeckt mir immer so lecker!"

Kompetenten Erwachsenen kommt bei der Herstellung von Situationen des gemeinsamen Denkens die Aufgabe zu, sich bewusst dem Denken der Kinder anzunähern und Situationen gemeinsamen Denkens herzustellen, die auf dem kindlichen Interesse basieren. Im nationalen Kriterienkatalog zur pädagogischen Qualität in Tageseinrichtungen für Kinder (Tietze/Viernickel 2007) wird dies als Zeichen für hohe Qualität besonders herausgestellt:

„Im gesamten Tagesgeschehen ist die Erzieherin aufmerksam und zum Dialog mit den Kindern bereit. Sie zeigt ihnen, dass sie an ihren Gesprächen und Äußerungen interessiert ist."

Die Förderung der psychosozialen Stabilität in der Kindertageseinrichtung durch Bereitstellung von konstruktiven Bewältigungsstrategien und eine inklusive Ausrichtung sind Aufgaben, denen sich pädagogische Einrichtungen zunehmend stellen müssen.

Risiko und Resilienz

Die Fokussierung auf kindliche Ressourcen wird in der Frühpädagogik unter dem Stichwort Resilienz diskutiert. In der Resilienzforschung steht die Analyse von Schutzfaktoren im Vordergrund, die eine positive Entwicklung von Kindern auch unter Risikobedingungen ermöglichen (Yates et al. 2003). So führt die veränderte Lebenssituation in der modernen Gesellschaft zu einer wachsenden Anzahl von Kindern, die mit Unsicherheiten, Belastungen und schwierigen Lebensbedingungen konfrontiert werden (Wustmann 2006). Eine derartige Risikoperspektive ist stets mit der Erwartung biologischer, psychologischer und psychosozialer Entwicklungsrisiken verbunden. Die Entwicklung sogenannter ‚Risikokinder' (zeichnet sich jedoch durch eine hohe Variabilität aus. So nimmt eine große Zahl von Kindern trotz einer Vielzahl von problematischen Bedingungen einen unauffälligen oder positiven Entwicklungsverlauf. Die Fähigkeit, derartige Risikobelastungen erfolgreich zu bewältigen oder sich von den nachteiligen Folgen früherer Erfahrungen schnell zu erholen, nennt man Resilienz (Rutter 2003). Hierbei handelt es sich um die deutsche Übersetzung des englischen Begriffs ‚resilience', der sich in der Literatur auch unter den Bezeichnungen ‚Widerstandsfähigkeit' oder ‚Resistenz' wiederfindet. An die Bedeutung von Resilienz sind einerseits das Vorhandensein einer signifikanten Bedrohung für die kindliche Entwicklung und andererseits die erfolgreiche Bewältigung dieser belastenden Lebensumstände geknüpft.

Im Unterschied zu früheren Annäherungen an das Resilienzkonzept nimmt man heute an, dass Resilienz keine angeborene persönliche Eigenschaft des Menschen ist, sondern sich vielmehr in interaktionalen Prozessen des Kindes mit seiner Umwelt entwickelt.

Ziel dieser Perspektive ist es, ein besseres Verständnis darüber zu erlangen, welche Bedingungen psychische Gesundheit und Stabilität bei Kindern, die besonderen Entwicklungsrisiken ausgesetzt sind, erhalten und fördern. Resilienzforschung betrachtet dabei personale, soziale und institutionelle Risiko- und Schutzfaktoren und Entwicklungsbedingungen. Das Resilienzkonzept richtet die Aufmerksamkeit auf die Fähigkeiten, Ressourcen und Stärken jedes einzelnen Kindes, ohne dabei Probleme und ungünstige Entwicklungskontexte zu ignorieren oder zu unterschätzen. Darüber hinaus wird die Sichtweise vom Kind als aktiver Gestalter des eigenen Lebens betont und gleichzeitig die Bedeutung des Lebensumfelds einbezogen.

Die Resilienzforschung ist für die Konzipierung von Präventionsmaßnahmen, für die Entwicklung curricularer Konzepte sowie für die am Entwicklungsprozess beteiligten Personen von großer Bedeutung, da sie mit der Identifikation von personalen und sozialen Ressourcen einen optimalen Entwicklungskontext anstrebt. Die veränderte Sichtweise auf die kindliche Entwicklung impliziert für die pädagogische Arbeit eine Abwendung von Kompensation hin zu Prävention und Frühintervention in der für die Kinder gewohnten Umwelt. Die grundlegende Voraussetzung für eine derartige Perspektive im pädagogischen Kontext ist zunächst eine genaue Analyse der Bedingungen, die den Entwicklungs- und Sozialisationsprozess von Kindern beeinflussen. Damit stellt das Resilienzparadigma einen bedeutenden theoretischen Rahmen für die Umsetzung von Inklusion in Kindertageseinrichtungen dar. Obwohl das Resilienzkonzept kein spezifisch pädagogisches Modell ist, lassen sich dennoch Parallelen zu ressourcen- und kompetenzorientierten Zugängen innerhalb der Inklusionspädagogik herstellen: Die Perspektive liegt auf den individuellen, aktiven Bewältigungsstrategien der Kinder und hebt die Bedeutung hervor, das Verhalten und Lernen des Kindes in seinem aktuellen sozialen und situativen Kontext zu erfassen, um daran anknüpfend individuelle Fördermaßnahmen formulieren zu können.

2 Rechtliche Grundlagen

2.1 UN-Kinderrechtskonvention

Das 1989 von der Vollversammlung der Vereinten Nationen verabschiedete Übereinkommen über die Rechte des Kindes (www.national-coalition.de/pdf/UN-Kinderrechtskonvention.pdf) verpflichtet die 193 Vertragsstaaten, die die Konvention unterzeichnet haben, zur schrittweisen Verwirklichung der Kinderrechte. In einem regelmäßigen Zeitraum von fünf Jahren muss über den Stand der Umsetzung berichtet werden.

Die Konvention verbietet in Artikel 2 Absatz 1 Diskriminierungen aufgrund von Behinderungen des Kindes oder seiner Eltern und enthält somit als einzige der internationalen Menschenrechtskonventionen ein ausdrückliches Diskriminierungsverbot (Kälin et al. 2010). Die Konvention strebt den Ausgleich von Benachteiligungen und die Herstellung von Chancengerechtigkeit aller Kinder an, unabhängig von ihrer Herkunft oder ihres sozialen Status. Kindern mit Behinderung wird nach Artikel 23 Absatz 3 der Konvention das Recht zugesprochen, Zugang zu einem Bildungssystem zu erhalten, welches der möglichst vollständigen sozialen Integration und individuellen Entfaltung des Kindes einschließlich seiner kulturellen und geistigen Entwicklung förderlich ist (UN 1989).

Neben Österreich behielt sich Deutschland jedoch bis zum Jahr 2010 vor, bei der Wahrung der Kinderrechte zwischen inländischen und ausländischen Kindern zu unterscheiden. Dies führte zu einer deutlichen Benachteiligung von Flüchtlingskindern in den Bereichen Bildung, Kinder- und Jugendhilfe und medizinischer Versorgung. Auch die Schweiz hat bei der Ratifizierung der Konvention Vorbehalte geltend gemacht, die sich aktuell zum Beispiel auf den Nachzug von Familienmitgliedern bei bestimmten Migrantengruppen beziehen. Der Bericht des Netzwerks Kinderrechte Schweiz an den zuständigen UN-Ausschuss kritisiert deutlich die in der Schweiz bestehende Chancenungleichheit im Bildungssystem. Große Unterschiede bestehen bei Bildungs- und Ausbildungschancen insbesondere bei Kindern aus Familien in Armutslagen, Kindern mit Behinderung und Kindern mit Migrationshintergrund. Dabei hängt der Bildungserfolg laut Aussage des Netzwerks Kinderrechte in der Schweiz ebenso wie in Deutschland häufig von Faktoren wie dem Wohnort ab.

Trotz der in den nationalen Aktionsplänen festgehaltenen Bemühungen zur Umsetzung der Kinderrechtskonvention fehlt es in Deutschland, Österreich und der Schweiz noch an Vorschlägen, Projekten und konkreten Arbeitsschritten zur vorbehaltlosen Verwirklichung der Kinderrechte.

Beteiligung von Kindern

Insbesondere bei der Beteiligung von Kindern in der Gestaltung von Bildungsprozessen wird Nachholbedarf in der Umsetzung der Kinderrechte angemahnt. So zeigt sich in allen Bildungsstudien und Schulleistungsvergleichen, dass trotz des Artikels 28 Absatz 1 der Konvention (Recht auf Bildung auf der Grundlage der Chancengleichheit) sozial benachteiligte Kinder und Kinder mit Migrationshintergrund deutlich benachteiligt bleiben. Der Ländermonitor „Frühkindliche Bildungssysteme“ der Bertelsmann-Stiftung (www.laendermonitor.de) macht auf das Problem aufmerksam, dass nur 84 % der Kinder mit Migrationshintergrund gegenüber aber 93 % der deutschen Kinder in Westdeutschland (ohne Berlin) eine Kindertageseinrichtung besuchen. Barrieren werden zum Beispiel in fehlenden Informationen über ihren Rechtsanspruch auf einen Kita-Platz in verschiedenen Herkunftssprachen gesehen (Bertelsmann-Stiftung 2010).

Zur Umsetzung der Kinderrechte fehlt es an einer Verankerung in der Verfassung. Damit die Rechte der Kinder in den Mittelpunkt des staatlichen und gesellschaftlichen Handelns gestellt werden, wurde in Deutschland ein Aktionsbündnis Kinderrechte gegründet (www.kinderrechte-insgrundgesetz.de). Auch in der Schweiz und in Österreich wird die Schaffung einer verfassungsrechtlichen Grundlage zur Sicherstellung von Kinderrechten durch Verbände und Bündnisse eingefordert.

2.2 UN-Behindertenrechtskonvention

Ebenso wie die in → Kap. 2.1 dargestellte Kinderrechtskonvention, ist die Behindertenrechtskonvention der Vereinten Nationen ein Völkerrechtsvertrag, mit dem sich die unterzeichnenden Vertragsstaaten zur schrittweisen Realisierung der dort genannten Bestimmungen im nationalen Recht verpflichten. Die im Dezember 2006 von der Generalversammlung der Vereinten Nationen verabschiedete Konvention wurde von Österreich bereits im Mai 2008 ratifiziert, in Deutschland ist sie seit dem März 2009 geltendes Recht auf Bundesebene. Die Schweiz gehört zu den wenigen Staaten, die die Konvention noch nicht unterschrieben haben, es liegt mittlerweile jedoch ein Gutachten zu den möglichen Konsequenzen einer Ratifizierung durch die Schweiz vor (Kälin et al. 2010).

Mit der Umsetzung der Konvention ist das Ziel verbunden, die Chancengleichheit von Menschen mit Behinderung zu fördern und ihre Diskriminierung in der Gesellschaft zu unterbinden. Die Behindertenrechtskonvention wird dabei als weiterführende Interpretation der Kinderrechtskonvention verstanden, die das Kind als eigenständige Persönlichkeit mit den Rechten auf Schutz, Förderung und Partizipation in dem Mittelpunkt stellt (Eichholz 2009).

Integratives oder inklusives Bildungssystem?

Artikel 24 der Behindertenrechtskonvention erkennt das Recht auf Bildung und die Pflicht auf Gewährleistung eines inklusiven Bildungssystems auf allen Ebenen an. Dabei geht es um die Sicherstellung eines diskriminierungsfreien Zugangs zur allgemeinen Kindertageseinrichtung und zur allgemeinen Schule im sozialen Nahraum. Kinder mit Behinderung erhalten dabei die individuell notwendige Unterstützung im Bildungssystem.

Die in der amtlichen englischsprachigen Fassung der Konvention verwendete Wortwahl der ‚inclusive education' geht deutlich über den in der deutschsprachigen Fassung verwendeten Begriff des ‚integrativen Bildungssystems' hinaus. Dieser wird von behindertenpolitischen Verbänden als problematisch und verschleiernd bezeichnet, da mit der Verwendung des Begriffs ‚Integration' wenig Impulse für Veränderungen des Bildungssystems angestoßen werden. Das völkerrechtliche Verständnis von Inklusion setzt jedoch nicht nur voraus, dass Menschen mit Behinderung ein Raum innerhalb bestehender Strukturen zugesprochen wird, sondern dass sich Veränderungsprozesse auf allen Ebenen der Gesellschaft ergeben: So soll sich in einer inklusiven Gesellschaft die reale Vielfalt menschlicher Lebenslagen widerspiegeln (Aichele 2008).

Es wird in diesem Zusammenhang darauf hingewiesen, dass der in der Originalfassung der Konvention verwendete Begriff der Inklusion rechtsverbindlich ist, nicht die jeweiligen Übersetzungen. Gleichzeitig muss aber gefordert werden, dass Inklusion auch Eingang in die deutschsprachige Praxis und Rechtsprechung findet, um den Bedarf an Veränderungen auch begrifflich zu verdeutlichen. Hierfür spricht einerseits die Anschlussfähigkeit an die internationale Diskussion, andererseits kann Inklusion eine innovative Dynamik in die deutschsprachige Integrationsdebatte bringen: Es geht nicht mehr nur um die Eingliederung von Kindern mit Behinderung ins bestehende Bildungssystem, sondern um die Veränderung des Bildungssystems im Sinne einer Pädagogik der Vielfalt (→ Kap. 1.2).

Die Gegenüberstellung der Integrationspraxis und der Praxis der Inklusion soll den Veränderungsbedarf in Krippen und Kindergärten verdeutlichen:

- Heilpädagogische Fachkräfte sind nicht nur für die Kinder mit einer diagnostizierten Behinderung zuständig, sondern erfüllen eine präventive Funktion, indem sie alle Kinder beobachten und die frühpädagogischen Fachkräfte beraten.

- Förder- und Entwicklungspläne werden nicht nur für Kinder mit festgestelltem Förderbedarf geschrieben, sondern dienen als Analyseinstrument für die individuellen Bedürfnisse aller Kinder einer Einrichtung.
- Statt einer Eingliederung nach Diagnose müssen Kostenträger und Leistungserbringer im Sinne einer flexiblen Ressourcenzuweisung für Einrichtungen kooperieren.
- Sondereinrichtungen müssen ihre Expertise allgemeinen Einrichtungen zur Verfügung stellen und sich zu ambulanten Unterstützungssystemen ohne Kinder weiterentwickeln.

Ist Inklusion einklagbar?

Die Konventionen der Vereinten Nationen verpflichten die Vertragsstaaten zur Gewährung bestimmter Rechte, sie stellen jedoch keine generelle Grundlage zur unmittelbaren Einklagbarkeit der Rechte dar. Für das Bildungssystem muss daher die Umsetzung in den entsprechenden Ländergesetzen erfolgen (Riedel 2009). Dies gilt insbesondere für den Aufbau eines inklusiven Bildungssystems, für das die Bundesregierung einen Aktionsplan zur Umsetzung des Übereinkommens entwickelt. Erste Schulgesetzesänderungen in den Bundesländern Bremen und Schleswig-Holstein nehmen die Inhalte der Konvention auf, um das Schulsystem im Sinne der Inklusion weiterzuentwickeln. Im Bremer Schulgesetz von 2009 heißt es entsprechend, dass Kinder in all ihrer Verschiedenheit gemeinsam lernen sollen, ungeachtet ihrer ethnischen Herkunft, ihrer Staatsbürgerschaft, Religion oder einer Beeinträchtigung. Dies muss zukünftig auch in den gesetzlichen Grundlagen für Kindertageseinrichtungen geschaffen werden.

Voraussetzungen für ein inklusives Bildungssystem

Um dem Anspruch von Inklusion als Anpassungsleistung des Systems an die Voraussetzungen und Bedarfe aller Kinder gerecht zu werden, müssen Rahmenbedingungen Standards genügen, nach denen jedes Kind unabhängig von Status oder Zuschreibung von jeder Einrichtung aufgenommen werden kann. Dazu müssen gegebenenfalls zusätzliche Ressourcen (Personalstärke, Gruppengröße, räumliche Voraussetzungen) bereitgestellt werden. Ein Pool an heilpädagogischen Fachkräften unterstützt in ambulanten Beratungs-, Präventions- und Interventionszentren die frühpädagogischen Fachkräfte bei der anspruchsvollen Tätigkeit in einer inklusiven Kindertageseinrichtung. Wie in diesen Prozess dabei Eltern eingebunden werden, wird in → Kap. 4 vorgestellt.

2.3 Gesetzliche Grundlagen in Deutschland

Mit dem Kinder- und Jugendhilfegesetz (SGB VIII) hat die Bundesregierung einen deutschlandweit einheitlichen gesetzlichen Rahmen für die Bildung, Betreuung und Erziehung von Kindern in Kindertageseinrichtungen und in der Tagespflege bereitgestellt. Die Länder haben zum Teil unterschiedliche Ausführungsbestimmungen dazu in ihren Gesetzen zur Kinder- und Jugendhilfe erlassen. Zum 01.01.2005 trat als weitere rechtliche Regelung das Tagesbetreuungsausbaugesetz (TAG), das in erster Linie dem Ausbau der Kinderbetreuung von Kindern unter drei Jahren dient. Bis zum Oktober 2010 sollten demnach bundesweit 230.000 zusätzliche Plätze in Kindertagesstätten, Krippen oder bei Tagesmüttern entstehen. Das am 1. Januar 2009 in Kraft getretene Kinderförderungsgesetz (KiföG) ist dabei als Schritt zu einem bedarfsgerechten und qualitativ hochwertigen Angebot der Betreuung für Kinder unter drei Jahren zu sehen. Bis zum 31. Juli 2013 sollen erweiterte Verpflichtungen für die Bereitstellung von Plätzen eingeführt werden, bei denen vor allem die Kinder als Zielgruppe definiert werden, die in ihrer Entwicklung gefährdet sind und daher besonders von einer Betreuung profitieren würden. Die frühe Kindertagesbetreuung erhält in Deutschland somit eine präventive Funktion. Vom gesetzlichen Anspruch auf einen Platz in einer allgemeinen Kindertageseinrichtung oder bei einer Tagespflegeperson sind selbstverständlich auch Kinder mit besonderem Förderbedarf nicht ausgeschlossen.

Behinderungsbegriff

Nach dem Sozialgesetzbuch IX gelten Menschen als behindert, wenn

> „ihre körperliche Funktion, geistige Fähigkeit oder seelische Gesundheit mit hoher Wahrscheinlichkeit länger als sechs Monate von dem für das Lebensalter typischen Zustand abweichen und daher ihre Teilhabe am Leben in der Gemeinschaft beeinträchtigt ist“ (SGB IX, § 2).

Behinderung wird bei Kindern in der Altersgruppe der Kinder bis drei Jahren daher nur in seltenen Fällen diagnostiziert, da Schädigungen der Körperfunktionen und -strukturen vielfach noch nicht eindeutig festzustellen und in ihren Auswirkungen einzuschätzen sind. Ein Beispiel bietet die Diagnose der Cerebralparese, die bei einem schweren Verlauf oft schon nach der Geburt, bei leichteren Formen mitunter aber erst im zweiten Lebensjahr diagnostiziert wird. Die Zahl der Behinderungen, die auf eindeutige Schädigungen zurückzuführen sind (z. B. Down-Syndrom und Spina bifida), ist zudem kontinuierlich rückläufig. Als Ergänzung des Begriffs Behinderung kennt das deutsche Sozialrecht daher auch die „drohende Behinderung“: Kinder mit dieser Verdachtsdiagnose sind nicht eindeutig behindert, haben aber den Anspruch auf die gleichen Leistungen wie Kinder mit einer Behinderung.

internationaler Begriff

Eine ausschließliche Orientierung an der Dimension der Körperfunktionen und Körperstrukturen und ihrer Schädigung ist aus fachlicher Sicht nicht vertretbar, weil sie einen enormen Rückschritt hinter die International Classification of Functioning and Disability (ICF) der Weltgesundheitsorganisation (WHO) bedeuten würde.

Behinderung wird von der WHO als mehrdimensionales Konstrukt verstanden, zu dem neben Körperfunktionen und Strukturen auch die Dimensionen der Aktivität und Partizipation gehören. Alle Dimensionen stehen in Wechselwirkung miteinander sowie mit den personenbezogenen und umweltbezogenen Kontextfaktoren. Behinderung wird nicht als Zustand einer Person, sondern einer Situation verstanden. Dieser starken Betonung des sozialen Charakters von Behinderung würde ein allein an Schädigung orientierter Behinderungsbegriff nicht gerecht. Die Bedeutung des biologischen und sozialen Charakters von Behinderung kommt auch in der UN-Behindertenrechtskonvention (→ Kap. 2.2) zum Ausdruck: Der Artikel 1 des Übereinkommens über die Rechte von Menschen mit Behinderungen bezieht sich auf die Definition der WHO: Zu den Menschen mit Behinderungen zählen Menschen, die langfristige körperliche, seelische, geistige oder Sinnesbeeinträchtigungen (im Original: impairments [= Schädigungen]) haben, welche sie in Wechselwirkung mit verschiedenen Barrieren an der vollen, wirksamen und gleichberechtigten Teilhabe an der Gesellschaft hindern.

2.4 Gesetzliche Grundlagen in Österreich

Die österreichische Verfassung legt die Regelung des Kindergarten- und Hortwesens in Gesetzgebung und Vollziehung in den Kompetenzbereich der Bundesländer. In den Landesgesetzen finden sich neben den Vorgaben zu den strukturellen Rahmenbedingungen einer Kindertageseinrichtung, wie z. B. Gruppengröße, Personalerfordernis pro Gruppe und Öffnungszeiten, auch Hinweise zur Gestaltung pädagogischer Prozesse, wie zum Beispiel die Zusammenarbeit mit den Erziehungsberechtigten, Spielplatzgestaltung und Raumanforderungen. Einen Rechtsanspruch auf einen Kindergartenplatz gibt es in Österreich nicht.

Behindertengleichstellungsgesetz Österreich

Das österreichische Bundes-Behindertengleichstellungsgesetz (BGStG) nennt als Ziel, die Diskriminierung von Menschen mit Behinderungen zu beseitigen oder zu verhindern und damit die gleichberechtigte Teilhabe von Menschen mit Behinderungen am Leben in der Gesellschaft zu gewährleisten und ihnen eine selbstbestimmte Lebensführung zu ermöglichen (§ 1). Behinderung im Sinne dieses Bundesgesetzes ist ebenso wie in der deutschen Sozialgesetzgebung die Auswirkung einer nicht nur vorübergehenden körperlichen, geistigen oder psychischen Funktionsbeeinträchtigung oder Beeinträchtigung der Sinnesfunktionen, die dazu führen kann, die Teilhabe am Leben in der Gesellschaft zu erschweren. Als nicht nur vorübergehend gilt ein Zeitraum von mehr als sechs Monaten (§ 3). Spezielle Maßnahmen zur Herbeiführung der gleichberechtigten Teilhabe von Menschen mit Behinderungen am Leben in der Gesellschaft gelten nicht als Diskriminierung im Sinne dieses Bundesgesetzes (§ 7). Maßnahmen der sogenannten „positiven Diskriminierung“ wie zum Beispiel spezielle Fördermaßnahmen werden im Sinne des Gesetzes nicht als Diskriminierung verstanden. Es fehlt also eine deutliche rechtliche Positionierung für ein inklusives Bildungssystem.

Integration in Kindertageseinrichtungen

Kindertageseinrichtungen in Österreich obliegen wie dargestellt den jeweiligen gesetzlichen Grundlagen der Landesregierungen. Ebenso wie im föderalistischen System Deutschlands ist die Quantität und Qualität der Integration also abhängig davon, in welchem Bundesland das Kind eine Krippe oder einen Kindergarten besucht (Zettl et al. 2001). Diskutiert wird daher über ein Bundesrahmengesetz, in dem Mindeststandards wie Gruppengröße, Betreuungsschlüssel, Verdienst und Ausbildung der frühpädagogischen Fachkräfte einheitlich geregelt werden. Die von Österreich eingeführte Verpflichtung zum Besuch eines Kindergartens für alle fünfjährigen Kinder zum Jahr 2010 wird von Behindertenverbänden und dem Monitoringausschuss zur Überwachung der Einhaltung der Behindertenrechtskonvention kritisiert, da sie eine Ausnahmeregelung für Kinder mit Behinderung beinhaltet. Die Vereinbarung gemäß Art. 15a B-VG über die Einführung der halbtägig kostenlosen und verpflichtenden frühen Förderung in institutionellen Kinderbetreuungseinrichtungen stelle eine Benachteiligung von Kindern mit Behinderung dar, da mit der Ausnahmeregelung der Zugang zu integrativen Kindertageseinrichtung erschwert werde. Ziel der Vereinbarung ist gemäß Artikel 1:

> „Um allen Kindern beste Bildungsmöglichkeiten und Startchancen in das spätere Berufsleben unabhängig von ihrer sozioökonomischen Herkunft zu bieten, sollen Kinder im letzten Jahr vor Schulpflicht zum Besuch von geeigneten institutionellen Kinderbetreuungseinrichtungen im Ausmaß von mindestens 16 bis 20 Stunden an mindestens vier Tagen pro Woche verpflichtet werden."

Davon ausgenommen sind unter anderem Kinder, denen aufgrund einer Behinderung oder wegen eines besonderen sonderpädagogischen Förderbedarfes der Besuch nicht zugemutet werden kann. Hierin besteht jedoch ein deutlicher Widerspruch zu den verpflichtenden Grundlagen der UN-Behindertenrechtskonvention, die den gleichberechtigten Zugang zum allgemeinen Bildungssystem ermöglichen soll.

Zusammenfassend ist festzuhalten, dass die Diskussion über die UN-Behindertenrechtskonvention bildungspolitische Veränderungsprozesse in die Wege leitet. Die Umsetzung der Konvention in Landesrecht wird mittelfristig den gesetzlichen Rahmen für die Inklusion in Kindertageseinrichtungen Österreichs bereitstellen.

2.5 Gesetzliche Grundlagen in der Schweiz

Durch die Ratifizierung der UN-Kinderrechtskonvention (→ Kap. 2.1) verpflichtet sich die Schweiz zur Unterstützung der Familie bei der Erziehung und Betreuung von Kindern. Darüber hinaus ist der Staat für den Ausbau von familienergänzenden Institutionen, Einrichtungen und Diensten für die Betreuung von Kindern zuständig. In der Schweiz teilen sich Gemeinden, Kantone und der Bund die Verantwortung für das dezentralisierte Bildungssystem. Für den Kindergarten existieren daher keine einheitlichen Regelungen oder Bildungspläne.

Die Bildung und Betreuung von Kindern im Vorschulalter findet in der Vorschule bzw. „Ecole enfantine" oder „Scuola dell'infanzia" statt. Trotz der Nähe des Begriffs Vorschule zur Schule unterscheiden sich die Institutionen in ihrer Zielsetzung und Konzeption deutlich voneinander: Der Kindergarten wird als ein Lebens-, Erfahrungs- und Spielraum beschrieben, in denen die Kinder in altersgemischten Gruppen prinzipiell ohne Aussonderung miteinander leben und lernen. Im Übergang zur Schule werden bei der Schuleingangsüberprüfung dann jedoch Selektionsmechanismen deutlich (Heyer-Oeschger 2001, 2):

> „Das relativ starre heutige System bietet zwar verschiedene Möglichkeiten, auf die Bedürfnisse einzelner Kinder individuell einzugehen, es wird aber dem zunehmenden Bedarf an Veränderung nicht gerecht. Über 15 Prozent der Kinder werden verspätet eingeschult."

Im Vergleich mit anderen Staaten Europas ist das schweizerische Bildungssystem dadurch gekennzeichnet, dass die Kinder früh in Leistungsgruppen eingeteilt werden. Bei der Integration von Kindern mit besonderen Bedürfnissen nimmt die Schweiz einen hinteren Platz im Vergleich mit europäischen Staaten ein (Strasser 2006). Die Integration kann zudem von Wohnort, Angebot, Herkunft oder Geschlecht des Kindes sowie sozialem Status der Eltern abhängen.

Rechtsgleichheitsgebot

Die Bundesverfassung der Schweizerischen Eidgenossenschaft nennt in Artikel 8 das Rechtsgleichheitsgebot: Alle Menschen sind vor dem Gesetz gleich, niemand darf diskriminiert werden, namentlich nicht wegen der Herkunft, der Rasse, des Geschlechts, des Alters, der Sprache, der sozialen Stellung, der Lebensform, der religiösen, weltanschaulichen oder politischen Überzeugung oder wegen einer körperlichen, geistigen oder psychischen Behinderung. Das Diskriminierungsverbot ist ebenso in der Behindertenrechtskonvention enthalten, die die Schweiz wie dargestellt jedoch noch nicht unterzeichnet hat. Es richtet sich gegen Ungleichbehandlungen in der Gesellschaft, die sich aufgrund von Vorurteilen und Stereotypien entwickelt haben.

Behindertengleichstellungsgesetz

Das Bundesgesetz zur Beseitigung der Benachteiligungen von Menschen mit Behinderungen (Behindertengleichstellungsgesetz) ist am 01.01.2004 in Kraft getreten. Es konkretisiert den Gleichstellungsauftrag von Artikel 8 der Bundesverfassung und sieht insbesondere in vier zentralen Bereichen Maßnahmen zur Beseitigung von Benachteiligungen vor: So sollen Hindernisse beim Zugang zu Bauten und Anlagen sowie bei der Inanspruchnahme von Dienstleistungen, Aus- und Weiterbildungsangeboten und des öffentlichen Verkehrs beseitigt werden. Das Gesetz fordert im Zusammenhang mit der Integration von Kindern mit Behinderung in das allgemeine Bildungssystem:

> „Die Kantone fördern, soweit dies möglich ist und dem Wohl des behinderten Kindes oder Jugendlichen dient, mit entsprechenden Schulungsformen die Integration behinderter Kinder und Jugendlicher in die Regelschule."

Ein Beispiel (DOK 2009) soll dabei die Probleme bei der Umsetzung verdeutlichen, die damit zusammenhängen, dass die vor- und außerschulische Betreuung von Kindern Sache der Gemeinden, der Privatwirtschaft und der Kirchen ist und eine einheitliche Gesetzesgrundlage fehlt:

Beispiel: Kind mit Down-Syndrom darf nicht in die Vorschule

Herr und Frau Müller möchten, dass ihr Sohn David, der das Down-Syndrom hat, eine Regel-Vorschule in der Schweiz besuchen kann. Das Anliegen haben sie bereits vor zwei Jahren ohne Erfolg bei den zuständigen Behörden deponiert. Zurzeit schicken die Eltern ihr Kind in einen privaten Regelkindergarten. Ein Jahr später reichen sie ein weiteres Gesuch für einen Platz in der Regel-Vorschule ein, welches erneut mit der Begründung abgelehnt wird, die Gemeinde verfüge nicht über eine genügende Infrastruktur und die beteiligten Lehrpersonen seien weder gewillt noch in der Lage, für ein solches Kind Sorge zu tragen. Die dagegen eingereichte Beschwerde wird abgewiesen, obwohl ein schulpsychologisches Gutachten sich für einen Integrationsversuch ausspricht. Auch im Beschwerdeentscheid hält die zuständige Behörde fest, dass sie die Rahmenbedingungen für das Kind als ungeeignet empfindet, insbesondere sprächen die Klassengröße, der Stand der Aus- und Weiterbildung der Lehrpersonen und die fehlende Bereitschaft, ein Kind mit Behinderung in ihrer Klasse aufzunehmen, gegen eine Integration.

Im vorliegenden Beispiel wird nach Auskunft der Fachstelle Égalité Handicap Schweiz (www.egalite-handicap.ch) gegen das Behindertengleichstellungsgesetz verstoßen. Das Bundesgericht hat entsprechend in einem aktuellen Entscheid die Notwendigkeit einer qualifizierten Begründung einer Nicht-Integration betont (DOK 2009). Dabei wurde das Wohl des Kindes als zentrale Orientierungsrichtlinie hervorgehoben. Eine Begründung der Ablehnung integrativer Maßnahmen, die lediglich auf die ungenügenden Rahmenbedingungen abzielt, ohne die Bedürfnisse des Kindes zu berücksichtigen, stelle eine nicht zu rechtfertigende Ungleichbehandlung dar. Im Beispiel ermöglichte die Nachbargemeinde die Aufnahme des Kindes mit Down-Syndrom in einer Regeleinrichtung.

Festzuhalten ist, dass mit dem Behindertengleichstellungsgesetz wichtige Diskussionen in den Gemeinden und Kantonen der Schweiz angestoßen werden. Mit der politischen und rechtlichen Forderung nach Integration ist auch eine zunehmende Sensibilisierung der pädagogischen Fachkräfte in Regeleinrichtungen zu verzeichnen. Der fehlende gesetzlich verankerte Anspruch auf Integration verhindert jedoch eine konsequente Gleichstellung von Kindern mit besonderen Bedürfnissen:

> „Letztlich wird Integration zwar verstärkt propagiert, in der Realität jedoch befinden sich die betroffenen Kinder bzw. deren Eltern in einer abhängigen und damit äußerst frustrierenden Situation, was oft zu resignativem Verhalten seitens der Eltern führt, die sich als Opfer des Systems sehen. Um eine glaubwürdige und sinnvolle Integration zu betreiben, braucht es daher sowohl für die Politik als auch die Schulbehörden verbindliche Regeln" (DOK 2009, 87).

3 Dimensionen der Vielfalt in der Frühpädagogik

In Krippen und Kindergärten findet sich eine bunte Mischung an Persönlichkeiten wieder. Dies bezieht sich nicht nur auf die Vielfalt der Kinder selbst, sondern auch auf deren Familien mit ihren unterschiedlichen Lebensweisen, Wünschen und Vorstellungen. Für die frühpädagogischen Fachkräfte ergeben sich damit hohe Anforderungen an ihr professionelles Handeln (Prengel 2010, 68):

> „Frühpädagogen, deren Ziel es ist, jedes Kind willkommen zu heißen, gestalten eine Institution, in der sie im Sinne dieses Ziels kooperieren, zu den Kindern feinfühlige Beziehungen herstellen und entsprechend die Peer-Beziehungen zwischen den Kindern begleiten, um sie zu Selbstachtung und zu wechselseitiger Anerkennung zu befähigen, sind hellhörig für die eigensinnigen kognitiven Interessen der Kinder und bahnen verantwortlich die individuell optimale Annäherung an ausgewählte verbindliche Kulturtechniken an."

Damit der hohe Anspruch an die eigene Arbeit nicht als unzumutbare Belastung, sondern als Chance zur Bereicherung des pädagogischen Alltags verstanden werden kann, ist eine Auseinandersetzung mit den Dimensionen von Vielfalt nötig.

Mehrdimensionalität und Komplexität

Die Diskussion um Heterogenität wird derzeit in den Sozialwissenschaften vor allem im Hinblick auf die Kategorien Migration, Behinderung, Geschlecht und sozialer Hintergrund geführt (Wenning 2010). Aus fachlicher Perspektive muss auf eine breite Definition von Heterogenität zurückgegriffen werden, die das Zusammenspiel der unterschiedlichen Lebenslagen der Familie und der Fachkräfte einbezieht. Dabei wird jedoch deutlich, dass Versuche einer differenzierten Darstellung von Vielfalt in der Frühpädagogik zu umfangreichen weiteren Kategorisierungen führen, die sich in ihren Grenzen überschneiden: Die Zuordnung von Verschiedenheiten ist daher häufig uneindeutig, vielen Formen können mehrere Punkte solcher Systematiken zugeordnet werden, etwa Geschlecht zu körperlichen Merkmalen, sozialen Zuschreibungen und individuellen Ausprägungen (Wenning 2010). Das hier dargestellte Spektrum an Heterogenität verbleibt somit unvollständig und wird Dimensionen wie Geschlecht, Kultur und Ethnie implizit berücksichtigen und im Umgang mit den Eltern konkretisieren (→ Kap. 5).

Vielfalt in Kindertageseinrichtungen

In der Auseinandersetzung mit einer heterogenen Gruppe in Krippe und Kindergarten wird der Blick auf die unterschiedlichen Voraussetzungen der Kinder gerichtet. Festzuhalten ist jedoch, dass die individuellen Kategorisierungen wie „Kind mit Migrationshintergrund" oder „Kind mit Behinderung" nicht zu festgeschriebenen Erwartungen bei den Fachkräften und damit zur Verfestigung von Vorurteilen führen dürfen. Der kulturelle Hintergrund eines Kindes kann beispielsweise nicht ohne den Zusammenhang von Geschlecht, sozialem Status, Einkommen, Bildungshintergrund, Religion und Alter betrachtet werden.

Da Behinderungen aus der Wechselwirkung von Beeinträchtigungen und sozialen Faktoren entstehen, ist auch hier ein mehrdimensionaler Blick auf das Kind nötig: Kinder mit Behinderung sind in Krippen und Kindergärten zunächst einfach Kinder mit individuellen Voraussetzungen und Bedürfnissen wie andere Kinder auch.

Eine inklusive Frühpädagogik lenkt die Blickrichtung daher nicht auf die Beeinträchtigung oder das Merkmal eines Kindes, sondern auf die Prozesse zwischen dem Kind und seiner Umwelt. Die professionelle Perspektive richtet sich damit weg von den Defiziten des Kindes hin zu den Gestaltungsmöglichkeiten in der Umgebung. Eine wichtige Aufgabe der frühpädagogischen Fachkräfte besteht neben der individuellen Bildung, Betreuung und Erziehung entsprechend auch in der Unterstützung bei der Lebensbewältigung und der sozialen Eingliederung der Kinder und ihrer Familien. Ziele einer solchen Pädagogik der Vielfalt sind Chancengleichheit, Antidiskriminierung, soziale Gerechtigkeit und Teilhabe.

Überwindung von Kategorien

In der Heil- und Sonderpädagogik wird die Tatsache aufgegriffen, dass individuelle Beeinträchtigungen in Bereichen auftreten, die sich überschneiden und beim einzelnen Kind in ihrer spezifischen Erscheinung auftreten können. Statt der klassischen Spezifizierung im Hinblick auf die verschiedenen Behinderungsarten und damit einhergehenden speziellen Förderkonzepten für spezielle Kinder, richtet sich nunmehr der Blick auf die vielfältigen Einflussfaktoren im Sinne einer Betrachtung von Risiko- und Schutzfaktoren für die kindliche Entwicklung. Dazu zählen einerseits kindbezogene Faktoren wie Begabungen, Interessen und Abneigungen, andererseits wird das Kind aber auch im Kontext seiner Familie und der Einrichtung gesehen. So kann die Krippe oder der Kindergarten zu einem bedeutsamen Schutzfaktor für ein Kind werden, wenn auf die Bedürfnisse und die Voraussetzungen angemessen reagiert wird.

In diesem Verständnis gilt es, innerhalb inklusiver Krippen und Kindergärten für die Verwobenheit der unterschiedlichen Dimensionen zu sensibilisieren, ohne dass dies zu einer Verengung der Perspektive führt (Seitz 2009, 7):

„Nehmen wir das ernst, so können beim Betrachten einer Kindergruppe ähnlich dem Blick auf ein Stück buntes Textilgewebe unterschiedliche ‚Fäden' mit den Augen verfolgt werden, die zusammen das Gewebe aus Verschiedenheit ausmachen. Wir können aber niemals alle Fäden gleichzeitig erkennen – wie wir auch Verschiedenheiten in Kindergruppen nie vollständig erfassen können."

Einigkeit durch Vielfalt

Janet Gonzalez-Mena (2006) veranschaulicht diesen Perspektivenwechsel mit der Zubereitung eines Salats: Wenn man verschiedene Arten von Gemüse kombiniert und weitere Zutaten wie Tomaten, Gurken und Pilze, Peperoni und Artischocken kombiniert, hat man ein köstliches Essen zubereitet. Jede Zutat behält ihre Eigenschaften, ihre Farbe, ihren Geschmack und trägt damit zur Einzigartigkeit des Salats bei. Wenn man sich jetzt aber vorstellt, dass der Salat mit einem Küchenmixer zu einer Einheit verarbeitet wird, geht die Einzigartigkeit verloren, und es bleibt ein graues Gemisch, das man ungern probieren möchte. Hierin besteht der Unterschied zwischen dem Ziel „Einigkeit durch Uniformität" und der inklusiven Vorstellung von „Einigkeit durch Vielfalt".

In diesem Verständnis wird im vorliegenden Überblick über die Dimensionen von Vielfalt in der Frühpädagogik das Ziel verfolgt, zu einer Sensibilität gegenüber den unterschiedlichen Voraussetzungen von Kindern beizutragen. Dabei sind die Unterkapitel keinesfalls als Patentrezept bei der Aufnahme von Kindern mit entsprechenden Beeinträchtigungen oder im Umgang mit Familien zu verstehen. Vielmehr bieten diese nur Ausschnitte aus dem vielfältigen Arbeitsfeld in inklusiven Krippen und Kindergärten. In → Kap. 4 sollen auf dieser Grundlage dann pädagogische Prozesse im Umgang mit Vielfalt beschrieben werden.

3.1 Entwicklungsgefährdungen

In der Frühförderung wird zur Erfassung von behinderten Kindern, von Behinderung bedrohten Kindern und Kindern, die in ihrer Entwicklung besonderen Risiken ausgesetzt sind, der Begriff der Entwicklungsgefährdung als Kategorie vorgeschlagen. Dieser Begriff umfasst neben Behinderungen biologische und psychosoziale Entwicklungsrisiken und mit entwicklungspsychologischen Verfahren diagnostizierbare Entwicklungsverzögerungen unterhalb des Schweregrades einer Behinderung. Damit soll der Tatsache Rechnung getragen werden, dass die Kinder, die heute in Frühförderstellen gefördert werden, sich in Verhalten und Entwicklungsstand gegenüber früheren Generationen verändert haben (Weiß 2000). Im Vordergrund stehen zunehmend allgemeine Entwicklungsverzögerungen: Kinder, bei denen eine eindeutige und betreuungsbedürftige Entwicklungsauffälligkeit besteht, ohne dass sich zu diesem Zeitpunkt diagnostisch die Ursache für die Auffälligkeit feststellen lässt. Ein so verstandener Begriff der Entwicklungsgefährdung ist damit anschlussfähig an den Begriff von Funktionsfähigkeit und Behinderung der WHO und die UN-Behindertenrechtskonvention (→ Kap. 2.2).

Entwicklungsgefährdung wird im Unterschied zu den individuumszentrierten Begriffen Entwicklungsauffälligkeit oder Entwicklungsverzögerung in ihrer Wechselwirkung zwischen Kind und Umwelt verstanden, sodass das Konzept es erlaubt, neben Risikofaktoren für die kindliche Entwicklung auch Schutzfaktoren, wie eine gelungene Eltern-Kind-Bindung oder die kompensatorische Bindungsbeziehung des Kindes zu einer frühpädagogischen Fachkraft, zu identifizieren.

Veränderte Kindheit?

In Krippen und Kindergärten verzeichnen pädagogische Fachkräfte seit Jahren einen Anstieg an Kindern, die Probleme in ihren sozialen und emotionalen Kompetenzen zeigen. In der Frühförderung, die klassischerweise ein Angebot zur Unterstützung von Kindern mit einer Behinderung und ihrer Familien darstellt, haben die Kinder mit psychosozialen Risiken diejenigen mit einer geistigen Behinderung als größte Zielgruppe abgelöst. Plätze in heilpädagogischen Kindertageseinrichtungen werden zunehmend mit Kindern besetzt, die aufgrund sozial-emotionaler Probleme in einer Regeleinrichtung unter den gegebenen Bedingungen nicht hinreichend betreut werden können. Dies ist eine Entwicklung, die unter inklusionspädagogischen Gesichtspunkten als äußerst kritisch zu betrachten ist, da hier eine neue Form der Aussonderung praktiziert wird.

Auch in der Kinder- und Jugendmedizin wird von einer „neuen Morbidität“ gesprochen, die die wachsende Gruppe von Kindern mit Verhaltensauffälligkeiten repräsentiert. Die Verschiebung von den körperlichen hin zu den psychischen Auffälligkeiten betrifft demnach zwischen 10% und 20% der Kinder und Jugendlichen (Robert-Koch-Institut 2007). Erklärungsversuche für die steigende Anzahl auffälliger Kinder werden im Zusammenhang mit dem Stichwort „veränderte Kindheit“ vor allem in den veränderten Umweltbedingungen des Aufwachsens, veränderten Familienstrukturen und der damit einhergehenden Unsicherheit in Fragen der Erziehung gesucht. Zu verzeichnen ist eine Pädagogisierung der frühen Kindheit mit einer deutlichen Risikoperspektive auf die ersten Jahre der Entwicklung, die sich zum Beispiel in einer Vielzahl an Elternratgebern zur „richtigen“ Erziehung kennzeichnet.

Literaturempfehlungen

Weiß, H., Neuhäuser, G., Sohns, A. (2004): Soziale Arbeit in der Frühförderung und Sozialpädiatrie. Ernst Reinhardt, München/Basel
Wustmann, C. (2004): Resilienz. Widerstandsfähigkeit von Kindern in Tageseinrichtungen fördern. Beltz, Weinheim

3.2 Verhalten

Erklärungsversuche

Das Verhalten von Kindern und Jugendlichen lässt sich in alltagstheoretischen Erklärungsversuchen meist aufgrund eines äußeren Einflusses auf das Individuum begründen:

> „Weil es in einem schlechten Milieu lebt, weil es zu viel Brutales im Fernsehen sieht, weil es von seinen Eltern abgelehnt wird, weil es zuhause verwöhnt wird usw.“ (Reiser 1995, 177)

Aus der Perspektive von Erwachsenen kann das kindliche Verhalten trotz dieser Versuche zur Herstellung von einfachen Zusammenhängen nicht hinreichend erklärt werden. Hierin wird jedoch die Chance gesehen, nach dem subjektiv Sinnvollen im Verhalten des Kindes zu suchen: Myschker (2008) erklärt Verhaltensauffälligkeiten in diesem Verständnis dadurch, dass Kinder und Jugendliche mit ihrem Verhalten zum Ausdruck bringen, dass ihre Entwicklung durch innere oder äußere Bedingungen beeinträchtigt, vielleicht sogar bedroht ist und die als abweichendes Verhalten erlebte Reaktion als Hilferuf interpretiert werden kann. Pädagogische Fachkräfte haben also vielmehr die Aufgabe, nach den Ursachen des kindlichen Verhaltens zu suchen, um zu einer Verhaltensänderung beitragen zu können.

Begriffsbestimmung

Die gegenwärtig gebräuchlichen Begriffe Verhaltensauffälligkeit und Verhaltensstörung werden der Zusammenstellung von Myschker (2008) als synonyme Oberbegriffe verwendet. Dabei erweist sich der Begriff Verhaltensauffälligkeit für den wissenschaftlichen Kontext als ungeeignet, da er zu allgemein und mehrdeutig ist. Auf der einen Seite lässt er unberücksichtigt, dass nicht alle auffälligen Kinder mit sich und der Umwelt Schwierigkeiten haben, auf der anderen Seite zeigen viele Menschen in besonderen Situationen (zum Beispiel bei Überlastung) auffälliges Verhalten.

Trotz der Kritik am Begriff der Verhaltensstörung, die sich darin äußert, dass menschliches Verhalten grundsätzlich nicht als gestört bezeichnet werden kann, sondern vielmehr als Ausdruck einer Relation zu einer Norm gesehen werden muss, setzt sich der Begriff zur Klärung psychophysischer und psychosozialer Störungen in der Fachöffentlichkeit durch (Myschker 2008, 44):

> „Verhaltensstörung ist ein von den zeit- und kulturspezifischen Erwartungsnormen abweichendes maladaptives [= schlecht angepasstes] Verhalten, das organogen [= organisch bedingt] und / oder milieureaktiv [= als Reaktion auf die Umwelt] bedingt ist, wegen der Mehrdimensionalität, der Häufigkeit und des Schweregrades die Entwicklungs-, Lern- und Arbeitsfähigkeit sowie das Interaktionsgeschehen in der Umwelt beeinträchtigt und ohne besondere pädagogisch-therapeutische Hilfe nicht oder nur unzureichend überwunden werden kann."

Erscheinungsformen

Durch die Ergebnisse der bundesweit repräsentativen Kiggs-Studie (Robert-Koch-Institut 2007) zur Gesundheit von Kindern und Jugendlichen können erstmals zuverlässige Daten zur Verbreitung von Verhaltensstörungen im Kindesalter belegt werden. Bei 4,8 % der deutschen Kinder wird beispielsweise ein Aufmerksamkeitsdefizitsyndrom bei einer deutlich höheren Auftretenswahrscheinlichkeit bei Jungen als bei Mädchen diagnostiziert. Neben einem Anstieg der Symptomatik bei Eintritt in das Schulalter wird auch in dieser Studie deutlich, dass Kinder aus Familien mit niedrigem sozioökonomischem Status mit einer Auftretenswahrscheinlichkeit von 6,4 % stärker betroffen sind als Kinder aus Familien mit höherem Status. Eine Anhäufung verschiedener Risikofaktoren (Konfliktbelastung in der Familie, psychische Erkrankung der Eltern, familiäre Armut) führt bei diesen Kindern in der Folge zu deutlich eingeschränkten Entwicklungschancen. Die Kiggs-Studie des Robert-Koch-Instituts (2007) kategorisiert die sozialen und emotionalen Kompetenzen im Kindes- und Jugendalter dabei in folgender Weise:

- Hyperaktivitätsprobleme kennzeichnen sich durch motorische Unruhe, Ablenkbarkeit, starken Bewegungsdrang und unüberlegte Handlungen;
- Verhaltensauffälligkeiten im Sinne von abweichendem und insbesondere auch aggressivem Verhalten gegenüber anderen in Form von Prügeln, Wutausbrüchen, Ungehorsam, Lügen und Stehlen;
- Probleme mit Gleichaltrigen zeigen sich in sozialen Problemen, wie z.B. Kontaktschwierigkeiten, Isolation, keinen guten Freund haben, nicht beliebt sein, gehänselt werden;
- sozial förderliches Verhalten z.B. in der Bereitschaft, mit anderen zu teilen, hilfsbereit zu sein, zu anderen nett zu sein und deren Gefühle zu beachten.

Wie in der Kiggs-Studie wird auch in zahlreichen Bildungsstudien immer wieder deutlich, dass Kinder aus Familien in Armutslagen als Risikogruppe für Einschränkungen in der Gesundheit und Entwicklung ausgemacht werden. Daher soll in → Kap. 3.3 ein besonderer Schwerpunkt in den Entwicklungsbedingungen und Bewältigungsstrategien von sozioökonomisch benachteiligten Kindern liegen.

Literaturempfehlungen

Myschker, N. (2008): Verhaltensstörungen bei Kindern und Jugendlichen: Erscheinungsformen – Ursachen – Hilfreiche Maßnahmen. Kohlhammer, Stuttgart

Preuss-Lausitz, U. (Hrsg.) (2005): Verhaltensauffällige Kinder integrieren. Beltz, Weinheim

3.3 Familien in Armutslagen

In Deutschland, Österreich und der Schweiz zählen ebenso wie in allen Staaten der Europäischen Gemeinschaft Kinder zu der am meisten von Armut und sozialer Ausgrenzung betroffenen Bevölkerungsgruppe. Dabei stellt der Mangel an materiellen Ressourcen nur einen Teilaspekt von Armut dar. Im Kontext der kindlichen Entwicklung wird zunehmend beachtet, welchen Einfluss Armut auf Dimensionen wie Gesundheit und Wohlbefinden, soziale Netzwerke und Partizipation sowie Bildungs- und Berufschancen nehmen kann. Dass dies eine weitreichende, fachübergreifende Aufgabe für Politik, Bildungs- und Gesundheitswesen darstellt, belegen eindrucksvoll die in → Kap. 3.2 dargestellten Ergebnisse der bundesweiten Kinder- und Jugendgesundheitsstudie des Robert-Koch-Instituts (2007). Sozioökonomisch benachteiligte Kinder- und Jugendliche gelten offensichtlich nicht nur als Verlierer des Bildungssystems, sondern sind auch in den Dimensionen der körperlichen und psychischen Gesundheit sowie im Gesundheitsverhalten größeren Risiken ausgesetzt als Kinder aus Familien mit hohem sozioökonomischem Status. Kinder in Armutslagen sind nicht nur im Bereich der Bildung benachteiligt, sondern schon in früher Kindheit multiplen Belastungen ausgesetzt. So lassen sich neben materiellen Auswirkungen weitere Dimensionen identifizieren: Die sozialen, kulturellen und emotionalen Dimensionen, die sich bei Kindern schwer erfassen lassen. Sie sind aber für frühpädagogische Handlungsprozesse der Beobachtung und Förderung von entscheidender Bedeutung, da der Erfolg der Verfahren an eine größtmögliche Annäherung an die Lebenswelt der Kinder gebunden ist (→ Kap. 4.2). Eine Analyse der Bewältigungsstrategien von Kindern im Umgang mit Armut kann dabei jedoch wichtige pädagogische Konsequenzen nach sich ziehen.

Was ist Kinderarmut?

Der Strukturwandel infolge wachsender Arbeitslosigkeit und zunehmender Anteile von Alleinerziehenden resultiert in einer Erhöhung des Armutsrisikos von Kindern, die seit den 70er Jahren des 20. Jahrhunderts zu beobachten ist (Chassé 2005). Die Verlagerung der Armut von der älteren auf die jüngere Bevölkerungsgruppe führt seit längerer Zeit auch bildungspolitischen Diskurs zu einer Problematisierung von Kinderarmut als eigenständiges Phänomen. Mittlerweile ist deutlich geworden, dass der Anspruch formuliert werden muss, einen erweiterten, kindgerechten Armutsbegriff zu entwickeln, der nicht allein danach fragt, wie viel Geld dem

Kind zur Verfügung steht, sondern welchen Belastungen das Kind ausgesetzt ist, wenn der Familie nur wenig zur Verfügung steht (Hock et al. 2000).

Um einen umfassenden Einblick in die Lebenssituation armer Kinder sowie den Umfang und die Erscheinungsformen von Armut in dieser frühen Lebensphase zu erhalten, müssen daher Dimensionen wie Bildung, Wohnen, Gesundheit und gesellschaftliche Partizipation berücksichtigt werden, da sie entscheidende Einflussfaktoren für die psychosoziale Entwicklung der Kinder darstellen.

In den letzten Jahren wird daher zunehmend auch die subjektive Wahrnehmung von Armut und das Bewältigungsverhalten von Kindern in die Analyse von Kinderarmut miteinbezogen (Richter 2000).

Definitionsversuche

In der Diskussion der Armutsforschung ist man weitgehend einig, dass Armut in Deutschland, Österreich und der Schweiz als relatives, mehrdimensionales Phänomen zu betrachten ist. Die zur Zeit verbindliche Armutsdefinition des zweiten europäischen Programms zur Bekämpfung von Armut sieht das Einkommen als Maßstab für die Analyse von Armut und berücksichtigt dabei, dass die Lebensbedingungen innerhalb europäischer Gesellschaften variieren: Danach gelten diejenigen Einzelpersonen, Familien und Personengruppen als arm, die über so geringe (materielle, kulturelle und soziale) Mittel verfügen, dass sie von der Lebensweise ausgeschlossen sind, die in dem Mitgliedsstaat, in dem sie leben, als Minimum annehmbar ist.

Im dritten Armutsprogramm der EU (1989–1994) wurde die Fokussierung auf finanzielle Ressourcen um die Perspektive sozialer Ausgrenzung erweitert und somit verstärkt der mehrdimensionale Charakter von Armut unterstrichen. Die EU sieht eine Verpflichtung darin, die soziale Integration als eines der Ziele der Modernisierung und Verbesserung der Sozialschutzsysteme zu fördern.

Im März 2000 einigte sich der Europäische Rat in Lissabon auf eine Zehn-Jahres-Strategie zur Bekämpfung von Armut und sozialer Ausgrenzung. Ein erstes Paket von 18 gemeinsamen statistischen Indikatoren für soziale Eingliederung wurde angenommen, das es ermöglichen soll, die Fortschritte der Mitgliedstaaten bei der Verwirklichung der gemeinsamen Ziele bei der europäischen Armutsbekämpfung auf vergleichbare Weise nachzuvollziehen. Während durch die Berücksichtigung wichtiger Aspekte der sozialen Eingliederung (finanzielle Armut, Beschäftigung, Gesundheit und Bildung) die Mehrdimensionalität des Phänomens soziale Ausgrenzung verdeutlicht werden soll, liegt jedoch erneut ein großes Schwergewicht auf dem finanziellen Ressourcenbereich.

Der Vermeidung und Verringerung von Kinderarmut wird in Europa im Bereich der sozialen Eingliederung besondere Aufmerksamkeit geschenkt, da Kinder einem besonders großen Armutsrisiko ausgesetzt sind. Während Armut und soziale Ausgrenzung von Kindern zwar zunehmend als eigenständiges Phänomen betrachtet werden, werden die Bedürfnisse der Kinder und Familien noch zu wenig hinterfragt:

> „Wir wissen weder genau, wie viel (Kinder-)Armut es gibt, noch wissen wir genau, welche Folgen die Armutserfahrungen gesamtgesellschaftlich und individuell hervorrufen“ (Butterwegge et al. 2004, 35).

Dimensionen von Kinderarmut

Zusammenfassend kann herausgestellt werden, dass in der Armutsforschung Konsens darüber herrscht, dass das Phänomen Armut mit mehrdimensionalen Konzepten am ehesten zu erfassen ist, um neben dem Mangel an ökonomischen Ressourcen auch Unterversorgungslagen in zentralen Lebensbereichen, den Mangel an Integration und sozialer Teilhabe sowie Aspekte der subjektiven Handlungsspielräume und des Wohlbefindens erfassen zu können.

Gerade in der Komplexität von Armut spiegelt sich jedoch die Problematik wider, die Auswirkungen von Kinderarmut zu erfassen:

> „Um Armut messbar zu machen, muss nicht nur die Frage entschieden werden, welche Lebensbereiche und Handlungsoptionen einbezogen werden sollten. Auch deren Gewichtung untereinander ist eine bisher immer noch offene Frage, desgleichen die zur Bestimmung von Armutslagen festzulegenden Schwellenwerte“ (Chassé 2005, 19).

Ein einseitig auf die finanziellen Ressourcen ausgerichtetes Konzept von Armut verstellt in der Einschätzung von Weiß (2000) den Blick auf die Komplexität der im Kontext von Armut häufig auftretenden Erschwernisse und Exklusionen in den Sozialisations-, Erziehungs- und Bildungsprozessen.

So beschreibt der Sozialbericht des Bundesverbands der Arbeiterwohlfahrt „Gute Kindheit – schlechte Kindheit“ (Hock et al. 2000) verschiedene Armutsdimensionen, die neben materieller Armut auch Bildungsbenachteiligung, kulturelle Armut, soziale Armut, fehlende Werte, emotionale Armut, Vernachlässigung, falsche Versorgung und migrationsspezifische Benachteiligung definitorisch einbeziehen. Armut wird also nicht nur als ein ökonomisch-materielles, sondern gleichzeitig auch ein soziales, kulturelles und psychisches (emotionales) Phänomen betrachtet. Zusammengefasst können folgende Dimensionen von Kinderarmut mit ihren Auswirkungen auf die kindliche Entwicklung dargestellt werden (Müller 2006):

Materielle Dimension
- Hunger
- fehlende, schlechte, kaputte Kleidung
- schlechte, billige Schulmaterialien
- Sozialhilfe, Leben am Existenzminimum
- unzureichende Wohnsituation
- mangelnde Hygiene

Soziale Dimension
- allein sein
- Freunde meist nur im eigenen sozialen Umfeld
- Elternrolle übernehmen
- Familiäre Instabilität
- fehlende Unterstützung, Streit
- fehlende Kontakte in andere soziale Gesellschaftsebenen
- auffällige Verhaltensweisen

Kulturelle Dimension
- fehlendes adäquates kulturelles Angebot
- fehlende Chancen, an kulturellen Veranstaltungen, Produkten, Einrichtungen teilzuhaben und mitzubestimmen
- sprachliche Armut

Emotionale Dimension
- fehlende Sicherheit, Halt, Unterstützung
- fehlende Geborgenheit und Liebe
- sich selbst überlassen sein
- fehlendes Zuhören
- Streit und Konflikten ausgeliefert
- Aggression und Frustration
- Gleichgültigkeit und Rückzug

Wahrnehmung und Bewältigung von Armut

Zander (2004) zeigt auf, dass Kinder in ihrer Wahrnehmung von Armut gesellschaftlich geprägt sind: Armut ist deutlich negativ besetzt, wobei die befragten Kinder zunächst nur äußerliche Merkmale (hässlich, schmutzig, alte Kleidung) und Gemütszustände (traurig, müde, krank) differenzieren konnten, im Verlauf der Auseinandersetzung mit Armut jedoch die sichtbaren und unsichtbaren, materiellen und immateriellen Folgewirkungen von Armut erkannt haben. Armut wurde schließlich von den Kindern als soziale Ausgrenzung wahrgenommen.

Sehr eindrucksvoll fasst Zander dabei Kernaussagen in Fallstudien zusammen, die bei Kindern die Verinnerlichung der gesellschaftlichen Sicht von Armut belegen: Kinder schämen sich offensichtlich, sich selbst oder die eigene Familie als arm einzustufen, da dies einer Selbststigmatisierung gleichkommt, mit der umzugehen sie überfordert sind. Armut wird von den Kindern überwiegend als Einschränkung hinsichtlich des Zugangs zu bildungs- und freizeitspezifischen Angeboten gesehen, eher selten wurde eine Bedrohung der Grundversorgung (zu wenig Nahrung oder Kleidung) gesehen.

Die psychosozialen Folgeerscheinungen von Armut zeigen sich insbesondere in der Schule und im Kindergarten, in der die Kinder im Umgang mit Gleichaltrigen häufig Ausgrenzungserfahrungen ausgesetzt sind. Gleichzeitig ist die Bildungsinstitution jedoch oft der einzige Ort, an dem Sozialkontakte geknüpft werden können, da der Zugang zur Freizeitwelt durch die fehlenden finanziellen Ressourcen der Familien eingeschränkt ist. In diesem Zusammenhang entwickeln die Kinder Bewältigungsstrategien im Umgang mit Armut, die von Richter (2000) vier Kategorien zugeordnet werden:

- *Mit sich selbst ausmachen:* Dies stellt eine problemmeidende Strategie dar, die von den meisten Kindern genannt wurde und sich in Senkung der eigenen Ansprüche oder sozialem Rückzug äußert.
- *Anstatt-Handlung/-Haltung:* Hierunter werden kompensatorische Handlungsformen verstanden, die bei Mädchen häufiger als bei Jungen vorkamen.
- *Emotionale Unterstützung suchen bzw. gewähren:* Diese problembewältigende Strategie kommt weit häufiger bei Mädchen als bei Jungen vor. Dabei wird gegenseitige Unterstützung von Freundinnen eingeholt und eine aktive Suche nach Verbündeten vorangetrieben, um Probleme zu lösen.
- *An die Umwelt weitergeben:* Problembewältigende Strategie: Am wenigsten genannte Handlungsform, die tendenziell bei Jungen häufiger vorkommt (zum Beispiel impulsiv reagieren, fordern, klauen, betrügen).

Die Darstellung der Bewältigungsstrategien macht deutlich, wie unterschiedlich Kinder mit Armut umgehen. Die Tatsache, dass problemmeidende, kompensatorische Strategien von den betroffenen Kinder doppelt so häufig benannt werden wie das aktiv problemlösende Verhalten, führt allerdings in der Einschätzung von Richter (2000) dazu, dass die Kinder in Unterversorgungslagen in ihrer weiteren Entwicklung gefährdet sind.

Den weniger häufig vorgefundenen aktiven problemlösenden Strategien werden dagegen positive Wirkungen hinsichtlich der Persönlichkeitsentwicklung zugeschrieben. So nimmt eine große Zahl von Kindern trotz problematischer Bedingungen, wie zum Beispiel das Aufwachsen in Armut, einen unauffälligen oder positiven Entwicklungsverlauf, wenn sie über konstruktive Handlungs- und Bewältigungsstrategien (zum Beispiel emotionale Unterstützung suchen bzw. gewähren) verfügen. Diese Kinder werden in der fachlichen Diskussion als resilient bezeichnet (Wustmann 2004).

Aufgabe von Krippe und Kindergarten

Resilienz ist kein angeborenes Persönlichkeitsmerkmal der Kinder. Auswirkungen von Armut können sich vielmehr über die Bereitstellung von personalen, sozialen und institutionellen Ressourcen mindern lassen. Eine Bildungsinstitution kann demnach also zu einem wertvollen Schutzfaktor für die Entwicklung werden, wenn die Fähigkeiten des Kindes als aktiver Bewältiger und Mitgestalter des eigenen Lebens in den Mittelpunkt der pädagogischen Arbeit gestellt werden (Richter 2000, 20):

> „Resilienz kann beim Kind unmittelbar und mittelbar über die Erziehungsqualität gefördert werden, denn entscheidend ist, was Kinder den Anforderungen des Alltags entgegensetzen können, wie sie z. B. Konflikte aktiv lösen und Probleme bewältigen. Ebenso wichtig wie das Gefühl, selbst wirksam sein zu können und eigene Kontrolle über Entscheidungen zu haben, ist die Förderung von Eigenaktivität und Verantwortungsübernahme."

Der frühpädagogischen Fachkraft kommt dabei die Aufgabe zu, das Kind zu ermutigen, seine Gefühle zu benennen und auszudrücken, vorschnelle Hilfe zu vermeiden, soziale Netzwerke auszubauen und mit Belastungen konstruktiv umzugehen. Die Kinder in der Einrichtung sollen dabei in Entscheidungsprozesse eingebunden werden und Verantwortung für sich und andere übernehmen lernen.

Neben diesen primär auf die Persönlichkeitsmerkmale des Kindes bezogenen Elementen der pädagogischen Arbeit lassen sich spezifische Strategien für die Praxis in Krippen und

Kindergärten ableiten. So besteht eine übergeordnete Aufgabe von Einrichtungen darin, ein attraktives Bildungsangebot für Kinder und deren Familien zu schaffen. Dafür muss eine Einrichtung kein Familienzentrum sein, sondern kann mit einer didaktisch-methodischen Organisation pädagogischer Prozesse, die das soziale Lernen in den Vordergrund stellen (Handlungsorientierung, Wechsel der Sozialformen, projektorientierte Einheiten und innere Differenzierung) auch die Familien erreichen, die über herkömmliche Elternarbeit nur schwer erreicht werden (→ Kap. 5).

Inhaltlich können Themen wie Freundschaft in gelenkter Gruppen- und Partnerarbeit zur Selbstreflexion und Nutzung aktiv problemlösender Handlungs- und Bewältigungsstrategien hinführen (Lindmeier, B. 2004). Über das Thema Armut in anderen Ländern kann eine inhaltliche Auseinandersetzung mit Bedürfnissen und Problemlagen von Kindern einfühlsam angeregt werden. Dabei verhilft die für die Kinder nötige Distanz zur Thematik zu einer reflektierten Auseinandersetzung, ohne dass es zu weiteren Ausgrenzungsprozessen bei Kindern kommen muss, die von Armut betroffen sind.

Insbesondere den frühpädagogischen Fachkräften kommt hier eine bedeutsame Rolle zu, da sie ein wichtiger Teil des sozialen Netzwerks von Kindern sind und als zentrale Bezugsperson zum ersten Ansprechpartner für die Familie werden können. In einer gelingenden Zusammenarbeit mit den Eltern können Bedarfslagen ermessen und Anregungen für Unterstützungsmöglichkeiten erarbeitet werden (Hilfen bei der Strukturierung des Tagesablaufs, gesundes Frühstück).

Auf institutioneller Ebene kann eine Erweiterung der Gestaltungsspielräume von Kindern durch die Kooperation mit Angeboten wie Museen und Vereinen erreicht werden. Kindern aus Familien mit geringen sozioökonomischen Ressourcen sollen so Zugangsmöglichkeiten zum außerschulischen Bildungserwerb in der Welt der Vereine und Jugendverbände, der Kultur und der Medien ermöglicht werden.

Strategien im Umgang mit Armut

Die Sichtweise, dass Eltern und Kinder in Armutslagen zunehmend als handelnde Akteure ihrer Lebenswelt gesehen werden, hat die Ansatzpunkte gesellschaftlicher und pädagogischer Handlungsperspektiven erweitert. Maßnahmen, die Selbsthilfe ermöglichen und mobilisieren, stehen in der Prävention von Armut und Benachteiligung im Vordergrund, da die Grundlagen für die Entwicklung des Kindes in der Familie gelegt werden. Kindertageseinrichtungen stehen in der Kooperation mit Familien dabei Möglichkeiten zur Verfügung, um derartige Armuts-Bildungs-Spiralen zu durchbrechen.

Bildung, Beratung und Beteiligung, das Erlernen persönlicher Bewältigungsstrategien von Kindern, Jugendlichen und Erwachsenen ebenso wie die Reorganisation der Infrastrukturen in kommunalen Lebensräumen stellen in dem Zusammenhang die zentralen Aufgaben innerhalb einer inklusiven Pädagogik dar: Armutsbekämpfung kann demzufolge nicht allein über die Bereitstellung finanzieller Mittel durch den Staat erfolgen, sondern muss sich die Wiederherstellung und Erweiterung sozialer Handlungsfähigkeit zum Ziel setzen.

Die Kenntnis des familiären Entwicklungsraums, die Förderung der psychosozialen Stabilität im Kontext Krippe und Kindergarten durch Bereitstellung von konstruktiven Bewältigungsstrategien und ein einfühlsamer inhaltlicher Umgang mit dem Phänomen Kinderarmut sind Aufgaben, denen sich frühpädagogische Fachkräfte stellen müssen. Auf institutioneller Ebene kann die Öffnung von Kindertageseinrichtungen wertvolle Anregungen für die Gestaltung der Freizeit und die Ausbildung eigenständiger Bildungsinteressen liefern sowie zur Stärkung des sozialen Netzwerks der Kinder beitragen.

Literaturempfehlungen

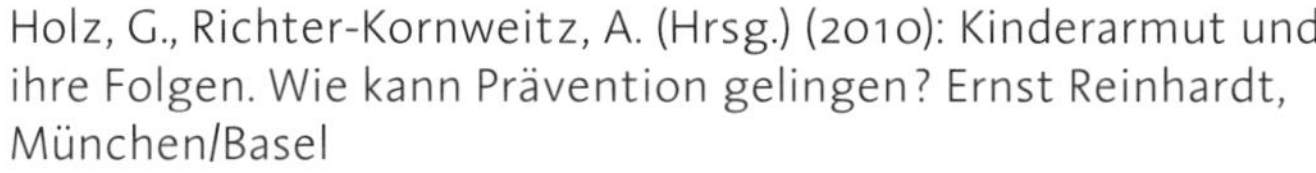

Holz, G., Richter-Kornweitz, A. (Hrsg.) (2010): Kinderarmut und ihre Folgen. Wie kann Prävention gelingen? Ernst Reinhardt, München/Basel

Zander, M. (2005): Kinderarmut. Einführendes Handbuch für Forschung und soziale Praxis. VS, Wiesbaden

3.4 Beeinträchtigungen der Sprache und des Sprechens

Sprache wird als das Verbindungselement zwischen der sozialen und der kognitiven Welt des Kindes gesehen. Als ein soziales Werkzeug stellt sie das bedeutendste Mittel zur Interaktion dar. Der soziale Status und die schulischen Perspektiven werden über die sprachliche Kompetenz vorherbestimmt. In Krippen und Kindergärten wird aus bildungspolitischer Perspektive daher derzeit ein besonderer Fokus auf diese bereichsspezifischen Fähigkeiten gelegt.

Kindertageseinrichtungen nehmen für die sprachliche Entwicklung eine besondere Funktion ein, da wichtige Meilensteine der Sprachentwicklung in den ersten sechs Lebensjahren erreicht werden. Bei Kindern, die diese Meilensteine nicht erreichen, können sich sprachliche Auffälligkeiten negativ auf die Interaktion mit Gleichaltrigen auswirken. Damit stellen sie ein Risiko für psychosoziale Belastungen dar.

„Dies hat zur Folge, dass soziale Kontakte mit Gleichaltrigen beeinträchtigt sein können und die Kinder so zu Außenseitern werden. Der Status in der Gruppe der Gleichaltrigen ist jedoch von großer Bedeutung für die weitere sozial-kognitive und sozial-emotionale Entwicklung von Kindern“ (Wilde 1996, 2).

Durch die Schwierigkeiten beim Zugang zu Spielgruppen ergibt sich ein quantitativ und qualitativ geringeres Maß an sprachlichem Input und Kommunikation mit Gleichaltrigen und damit auch weniger Möglichkeiten, sich im sprachlichen Bereich zu verbessern.

Spracherwerb

Die kindliche Sprachentwicklung verläuft in sehr unterschiedlicher Weise. Dabei sind Abweichungen von der Erwachsenensprache keinesfalls direkt als Störung zu betrachten, sondern in der Regel Ausdruck des jeweiligen Entwicklungsstands des Kindes. Insbesondere im Krippenalter ist es daher für frühpädagogische Fachkräfte nicht leicht zu entscheiden, ob ein Kind altersgerecht spricht. Neben der Beobachtung und Dokumentation sprachlicher Kompetenzen stellt die Kooperation mit medizinisch-therapeutischem Fachpersonal dabei einen Baustein zur optimalen Unterstützung sprachlicher Fähigkeiten dar. Jede Fachkraft sollte jedoch Kenntnisse über die entwicklungspsychologischen Grundlagen des Spracherwerbs besitzen und Sicherheit im Umgang mit Fachterminologie erwerben, um Eltern kompetent beraten und mit Fachkräften kooperieren zu können.

sprachliche Ebenen

Um die Komplexität des Spracherwerbs umfassend abbilden zu können, ist eine spezifische Darstellung der einzelnen Sprachkomponenten nötig. Neben den Regeln der Aussprache (phonetisch-phonologische Ebene) und der Grammatik auf Wort- und Satzebene (morphologisch-syntaktische Ebene) lernt das Kind im Verlauf des Sprachentwicklungsprozesses auch die Zuweisung von Bedeutungen zu sprachlichen Zeichen und deren Speicherung und Organisation wie in einem Lexikon (semantisch-lexikalische Sprachebene). Von grundlegender Bedeutung für ein umfassendes Verständnis von Sprache ist dabei, dass Form und Inhalt von der Funktion der Sprache als Ausdrucks- und Kommunikationsmittel nicht zu trennen sind (pragmatisch-kommunikative Ebene): Sprache wird in der Kommunikation mit kompetenten gleichaltrigen oder erwachsenen Gesprächspartnern erworben.

Das Zusammenspiel der sprachlichen Ebenen lässt sich am normalen Spracherwerbsverlauf darstellen: Prosodische Elemente der Sprache wie Sprachmelodie und Rhythmus beziehen sich auf die für eine Sprache typischen Betonungs- und Dehnungsmuster (Grimm/Weinert 1994). Ein Schweizer betont das Wort Hotel anders, als dies ein Deutscher tut. Diese für eine Sprache typischen Komponenten werden von Säuglingen schon im Alter von vier bis sechs Wochen differenziert wahrgenommen. Bereits vorgeburtlich geht man von einer wachsenden Sensitivität gegenüber Besonderheiten der mütterlichen Stimme und des Sprachrhythmus der Muttersprache aus (Karmiloff/Karmiloff-Smith 2001).

Mit der Produktion der ersten Wörter bei Kindern mit Abschluss des ersten Lebensjahres führt die Analyse der neu erworbenen Wörter gleichzeitig zu einer Systematisierung der kindlichen Aussprache. Das in der Phase des Erwerbs des phonologischen Systems rapide Anwachsen des Wortschatzes mündet einerseits in einer differenzierten Regularisierung der Aussprache, andererseits ermöglicht diese Neuordnung der Aussprache wiederum die Produktion neuer Wörter. Der bei den meisten Kindern im Alter zwischen 18 und 24 Monaten einsetzende Wortschatzspurt wird als wichtiger Meilenstein gesehen. Einen kritischen Wert stellt dabei die 50-Wort-Grenze dar, die Kinder im Alter von zwei Jahren erreicht haben sollten. Ist dies nicht der Fall, gelten diese Kinder als sogenannte ‚late-talker', also späte Sprecher (Grimm 2003). Während 50 % der späten Sprecher den Rückstand im Alter von drei Jahren aufgeholt haben (‚late-bloomer' oder ‚Spätaufblüher'), ist bei der anderen Hälfte der Kinder von einer spezifischen Sprachentwicklungsstörung auszugehen, die einer logopädischen Behandlung bedarf und nicht allein durch Sprachförderung im Kindergarten behoben werden kann. In diesem Zusammenhang ist eine Frühdiagnostik von großer Bedeutung, da eine frühe Unterstützung der sprachlichen Fähigkeiten besonders erfolgversprechend ist.

Der Einfluss des Wortschatzerwerbs auf die Entwicklung der grammatischen Fähigkeiten ist unbestritten. Mit den ersten Zweiwortäußerungen kombiniert das Kind Worte zu Sätzen. Mit der Erweiterung des Wortschatzes und der zunehmenden Flexibilität in der Kombination von Wörtern zu

Sätzen nehmen schließlich auch die pragmatisch-kommunikativen Kompetenzen des Kindes zu. Durch die Interaktion mit der Umwelt werden wiederum neue Wörter und Bedeutungen erworben.

Für den Erwerb der Sprachkomponenten sind jeweils unterschiedliche Entwicklungsmechanismen wirksam, sodass das Kind im Verlauf des Spracherwerbsprozesses nicht nur die Prinzipien und Regeln der Sprachsegmente erwirbt, sondern zugleich auch die Regeln ihres Zusammenspiels.

Schon im Alter von vier bis fünf Jahren sind Kinder dazu in der Lage, auf komplexe Sprachstrukturen zurückzugreifen, um Wünsche und Bedürfnisse kontextangemessen zu äußern. Es wird dabei deutlich, dass die Sprachentwicklung eine äußerst komplexe Erwerbsaufgabe darstellt, die mehr erfordert als den Erwerb von Regeln einer Sprache und das Abspeichern von Wortlisten.

Sprachstörung oder altersgerechte Fehler?

Die Funktion und die Form von Sprache stellen ein untrennbares Bedingungsgefüge dar, welches sich im Gesamtkomplex der kindlichen Entwicklung zunehmend strukturiert. Auf den unterschiedlichen sprachlichen Ebenen kommt es immer wieder zu Erscheinungen, die nicht der Erwachsenensprache entsprechen. Nicht alles, was von Eltern oder pädagogischen Fachkräften als auffällig beschrieben wird, ist jedoch als Störung der Sprachentwicklung zu bewerten. So sind einige Aussprachefehler genauso als normal zu bezeichnen, wie das zeitweilige Stottern, das bei etwa 80 % der Kinder zwischen dem zweiten und vierten Lebensjahr von Zeit zu Zeit auftritt (BZgA 2010). Bei Unsicherheiten sollte jedoch zusätzlicher fachlicher Rat bei Sprachtherapeuten oder Logopäden eingeholt werden. An einigen Beispielen sollen im Folgenden typische Entwicklungsschritte auf den einzelnen sprachlichen Ebenen dargestellt werden.

phonologische Ebene

Phonologische Sprachkompetenzen betreffen die Bildung einzelner Laute und die Kombination von Lauten und Silben zu Wörtern. Viele Kinder ersetzen zum Beispiel bis zu einem gewissen Alter den Laut k mit t und sagen statt ‚Katze' ‚Tatze', statt ‚Kindergarten' ‚Tinderdarten'. Im letzten Beispiel wird zusätzlich noch das ‚g' mit ‚d' ersetzt. Wenn das k am Ende des Wortes steht, zum Beispiel in ‚Sack' können einige Kinder das ‚k' sprechen, es ist also manchmal abhängig von der Stellung im Wort, ob der Laut artikuliert werden kann oder nicht. Es handelt sich daher also nicht um eine möglicherweise organisch bedingte Unfähigkeit, einen bestimmten Laut bilden zu können. Die Ursache muss vielmehr im Sprachsystem zu suchen sein. Bei Konsonantenverbindungen werden manchmal Laute ausgelassen (‚Kokodil'), auf der Ebene von Silben kommt es zu Auslassungen (‚Mate' statt ‚Tomate') oder Verdopplung von Silben (‚Babane' statt ‚Banane'). Bis zu einem gewissen Alter sind diese Besonderheiten als Zeichen einer normalen Entwicklung zu sehen. Im Alter von vier Jahren sollten diese phonologischen Prozesse jedoch zunehmend überwunden werden.

semantische und lexikalische Ebene

Das Wort wird in der Spracherwerbstheorie als wichtigster Baustein der Sprachentwicklung gesehen. Bereits bei Kindern im Alter von acht bis zehn Monaten kann die Verwendung eigener Vokabeln beobachtet werden, mit denen einem Objekt eine konstante Bedeutung zugewiesen wird. Die Bedeutung, die der Begriff für das Kind trägt, muss jedoch noch nicht mit dem Begriff übereinstimmen, den sich der Erwachsene davon macht. Das Wortverständnis geht dabei der Produktion erster Wörter voraus: Kinder verstehen zunächst sehr viel mehr Wörter, als sie selbst schon sprechen können. Den produktiven Wortschatz betreffend, können die meisten Kinder im Alter von zwei Jahren etwa 50 Wörter bilden, die sich kulturübergreifend aus Begriffen zusammensetzen, wie beispielsweise die Namen nahestehender Personen, bekannte Objekte, Essen, Körperfunktionen, soziale Routinen oder Aufforderungen. Nicht allein die Identifikation der ersten Wörter erscheint aus spracherwerbstheoretischer Perspektive interessant, sondern insbesondere die Frage nach der Funktion der ersten gebildeten Wörter für die Kinder gibt Hinweise darauf, warum einige Wörter früher als andere erworben werden. Benutzen Kinder Wörter wie ‚Flasche' oder ‚Milch', geschieht dies in der Regel zur Erfüllung eines Bedürfnisses und nicht primär darum, einem Objekt einen Namen zu geben.

Kinder im Krippenalter können in der frühen Wortproduktion mit dem Gebrauch eines einzigen Wortes mehrere Zielsetzungen verfolgen, indem sie beispielsweise ein Objekt benennen, auf ein Bedürfnis verweisen oder in Interaktion mit anderen treten wollen. Die komplexen Intentionen, die das Kleinkind mit der Produktion von Einwort-Sätzen verbindet, unterliegen allerdings Einschränkungen und sind abhängig von dem gemeinsamen Erfahrungshintergrund mit der Bezugsperson und dem Kontext, in dem die Interaktion stattfindet. Auf diesem Hintergrund wird deutlich, dass die Bedeutungsmerkmale bei Kindern individuell sind und somit zunächst nicht den Merkmalen des Erwachsenenbegriffs entsprechen (Szagun 2000). Im Wortschatzerwerb kommt es dabei zu Übergeneralisierungen und Überdiskriminierungen, die als entwicklungsspezifisch anzusehen sind, also keine Störungen des Spracherwerbs darstellen.

Kinder weisen Wörtern also nicht nur andere Bedeutungen als Erwachsene zu, sie bezeichnen mit demselben Wort auch unterschiedliche Objekte oder Ereignisse. Auf der anderen Seite kommt es aber auch dazu, dass sie einem Wort einen sehr engen Geltungsbereich zuweisen. Wenn das Kind beispielsweise das Wort ‚Zug' benutzt, einzig um eine Referenz zu seinem Spielzeugzug und nicht zu einem realen Zug oder einem Zug aus dem Fernsehen herzustellen, spricht man vom Prinzip der Überdiskriminierung, welches im sehr frühen Wortschatzerwerb auftaucht. Im Gegensatz dazu benutzt das Kind im weiteren Entwicklungsverlauf die Bezeichnung ‚Hund' etwa für alle vierbeinigen Tiere und übergeneralisiert somit den Geltungsbereich des Wortes.

morphologische und syntaktische Ebene

Auffälligkeiten der Grammatik können die Regeln der Wortbildung (= Morphologie) und die Regeln der Kombination von Wörtern zu Sätzen (= Syntax) betreffen. Zeitgleich mit dem Erreichen der kritischen Masse von 50 Wörtern beginnen Kinder im Alter von 18 bis 24 Monaten damit, Wörter bezüglich des Aufbaus und der Struktur zu analysieren und miteinander zu verknüpfen. Sie versuchen dabei von Anfang an die zentralen Regeln der Zielsprache, wie zum Beispiel die Verbstellung im Satz, zu befolgen, was auf eine frühe Sensitivität gegenüber dem sprachlichen Input vor der Produktion erster Wörter hinweist (Hirsh-Pasek/Golinkoff 1996). Kinder lassen im Erwerbsprozess jedoch Endungen an Wörtern aus oder bilden falsche Wortformen. Verben werden beispielsweise nicht richtig flektiert oder stehen im Satz nicht an der richtigen Stelle („Du Hause gehen"). Auch bei der Markierung von Zeiten oder bei der Verwendung von Pluralformen kann es zu Fehlern kommen.

Im Alter von zwei Jahren sind die Satzproduktionen der Kinder hinsichtlich der syntaktischen Struktur noch als rudimentär zu beschreiben, das Interesse an komplexen grammatischen Formen und die Fähigkeit, diese auch verarbeiten und verstehen zu können, ist jedoch schon sehr weit entwickelt. Eine Erklärung für diese Phänomene sieht die Sprachentwicklungsforschung darin, dass die Konversation zwischen Erwachsenem und Kind die Sprachentwicklung und insbesondere die syntaktische Entwicklung günstig beeinflusst. So operiert die Mutter in der Mutter-Kind-Interaktion innerhalb der Erfahrungen und Möglichkeiten des Kindes und nutzt die Gelegenheit intuitiv richtig, dem Kind die grammatischen Regeln einer Sprache vorzuführen. In Krippe und Kindergarten übernimmt die frühpädagogische Fachkraft diese wichtige Funktion und unterstützt die Sprachentwicklung mit sprachlehrenden Strategien (→ Kap. 4).

Der Erwerb grammatischer Kompetenzen kann mittlerweile gut vorausgesagt werden, da er bei Kindern sehr ähnlich verläuft (Szagun 2000). Im Alter zwischen zwei und drei Jahren können Kinder mittlerweile mehr als zwei Wörter miteinander kombinieren. Das Verb wird in Sätzen meist noch in der Grundform verwendet („Papa Hause gehen"), zum Teil treten jedoch auch schon korrekte Endungen auf. Eine weitere Strukturierung erfolgt im Alter von drei Jahren, wenn Aussagesätze richtig gebildet werden können („Ich gehe nach Hause"). Während diese einfachen Sätze im Verlauf des Erwerbs beispielsweise mit „und" zu langen Aussagen aneinandergereiht werden („Ich gehe nach Hause, und ich esse ein Brötchen"), ist es einigen Kindern schon möglich, unterordnende Nebensätze zu bilden, die dazu noch die richtige Verbstellung berücksichtigen („Ich gehe nach Hause, obwohl ich keine Lust habe"). Im Kindergartenalter ist die Variabilität der grammatischen Fähigkeiten jedoch sehr groß, im Alter von fünf bis sechs Jahren sollte das Kind aber die wichtigsten Entwicklungsschritte abgeschlossen haben (DBL 2010).

pragmatische Ebene

Der Erwerb pragmatischer Fähigkeiten kennzeichnet sich durch einen zunehmend situationsangemessenen Gebrauch

von Sprache und umfasst ebenso den Aufbau soziokultureller Kenntnisse und das Wissen um die Gefühle und Bedürfnisse anderer wie die kommunikativen Regeln, die eine sprachliche Interaktion gelingen lassen. Die Hauptaufgabe des Kindes besteht also in der Anpassung der sprachlichen Ausdrücke seiner Muttersprache und deren Verwendung für kommunikative Absichten. Die Funktionen von Sprache stellen in diesem Prozess einen dynamischen Mechanismus des kindlichen Spracherwerbs dar (Zollinger 2004). Aus dieser Perspektive ist somit der Dialog und die damit verbundene Frage, wie das Kind Formen und Regeln des Dialogs lernt und wie es im und über den Dialog Sprache erwirbt, als zentral für die Betrachtung von Sprache in Kindertageseinrichtungen anzusehen.

Wie zuvor dargestellt, passen sich Erwachsene den Fähigkeiten des sprachlernenden Kindes an, welches eine besondere Sensitivität gegenüber der sprachlichen Umwelt zeigt. Über diese sprachbegleitenden und unterstützenden Fähigkeiten und Verhaltensweisen verfügen jedoch auch schon Kinder im Vorschulalter, sodass der sprachlichen Interaktion zwischen Gleichaltrigen eine bedeutende Funktion im Spracherwerbsprozess zugewiesen wird (Albers 2009).

Im Kindergarten zeigen sich gerade bei Kindern mit verzögertem Spracherwerb häufig jedoch auch Probleme im Kontakt mit anderen Kindern. Auffälligkeiten in der Grammatik und in der Aussprache resultieren somit in Problemen in der Peerinteraktion und stellen ein Risiko für psychosoziale Belastungen dar. Durch die Schwierigkeiten beim Zugang zu Spielgruppen ergibt sich ein quantitativ und qualitativ geringeres Maß an sprachlichem Input und Kommunikation mit Gleichaltrigen. Innerhalb einer inklusiven Frühpädagogik kommt daher der Beobachtung von Peerinteraktion eine präventive Funktion zu (→ Kap. 4).

Sprech- und Sprachstörungen

In der Krippe können einige Kinder ihre Sprache bereits bewusst einsetzen, um in Kontakt zu Erwachsenen und anderen Kindern zu treten oder Wünsche und Bedürfnisse zu äußern. Andere Kinder sind in ihrer Aussprache jedoch nur schwer verständlich oder treten nicht in den sprachlichen Austausch.

Zur Differenzierung von entwicklungsangemessenen Auffälligkeiten von Störungen der Sprachentwicklung ist auch ein Blick auf die Kennzeichen von Sprech- und Sprachstörungen nötig. Dabei bezeichnet der Begriff Sprechstörung die Unfähigkeit zur korrekten Artikulation von Lauten, Silben und Wörtern. Die Ursache von Sprechstörungen ist in den motorisch-artikulatorischen Fertigkeiten des Kindes zu suchen. Man unterscheidet bei den Sprechstörungen zwischen Störungen des Redeflusses (wie zum Beispiel Stottern) und Störungen der Sprechmotorik, bei denen durch Schädigungen an Organen die Laute nicht korrekt gebildet werden können. Bei Kindern mit einer Lippen-Kiefer-Gaumenspalte ist durch Narbenbildung beispielsweise die Sensibilität der Artikulationsorgane eingeschränkt, sodass die korrekte Aussprache von Lauten erschwert wird. Ein Kind mit Zahnlücke wird kaum eine Möglichkeit finden, s-Laute korrekt bilden zu können. Es lispelt also, benötigt jedoch keinesfalls eine Sprachtherapie. Neben der Untersuchung der an der Artikulation beteiligten Organe ist aber auch eine Diagnose der Hörorgane von großer Wichtigkeit, da eine frühe Intervention am meisten Erfolg verspricht.

Bei Sprachstörungen unterscheidet man zwischen primären und sekundären Ursachen. Bei den primären Sprachstörungen handelt es sich um Störungen, die nur auf sprachlicher Ebene zu finden sind und auf keine anderen Störungen zurückzuführen sind. Diese „spezifischen Sprachentwicklungsstörungen (SSES)" (Grimm 2003) treten bei 3–8 % aller Kinder auf. Bei Kindern, die mit mehr als einer Sprache aufwachsen (→ Kap. 3.5), kann die Diagnose SSES jedoch nur gestellt werden, wenn die Sprachstörung in beiden Sprachen vorliegt. Dazu fehlt es in der Regel jedoch an diagnostischen Verfahren oder Kenntnissen über die Erstsprache des Kindes.

Sekundär begründete Sprachstörungen können auf Ursachen zurückzuführen sein, die zum Beispiel das Hören des Kindes betreffen. Auch Kinder mit einer geistigen Behinderung können einen erschwerten Spracherwerb durchlaufen, da es einen engen Zusammenhang zwischen der Entwicklung sprachlicher und kognitiver Kompetenzen gibt.

Literaturempfehlungen

Albers, T. (2011): Sag mal! Krippe, Kindergarten und Familie: Sprachförderung im Alltag. Beltz, Weinheim

Grimm, H. (2003): Störungen der Sprachentwicklung. Hogrefe, Göttingen

3.5 Mehrsprachigkeit

Eine Vielzahl von Kindern tritt mit nur geringen oder gar keinen Kenntnissen im Deutschen in die Krippe oder den Kindergarten ein. Im Idealfall ist den Kindern die Bedeutung von Sprache und Kommunikation durch einen erfolgreichen Erwerbsverlauf in der Familiensprache aber bereits bewusst. Mit dem Eintritt in den Kindergarten sind Kinder in der Regel gut gerüstet und hochmotiviert, die Sprache zu erwerben, die sie umgibt. Eltern sollte daher grundsätzlich dazu geraten werden, in der Sprache zu sprechen, in der sie sich „zu Hause" fühlen, da mittlerweile ein positiver Zusammenhang zwischen den Kompetenzen der Erst- und Zweitsprache erwiesen ist. Mehrsprachigkeit ist eine Chance, kein Risiko!

Strategien im Zweitspracherwerbsprozess

Um ein Kompetenzniveau im Deutschen zu erreichen, welches zunächst die Kommunikation mit Gleichaltrigen und im Verlauf die Grundlage für einen erfolgreichen Schulbesuch ermöglicht, benötigen die Kinder mit Deutsch als Zweitsprache notwendigerweise eine Umgebung, die sprachliche Strukturen im Deutschen (Grammatik, Wortschatz etc.) in ausreichender Quantität und Qualität bereitstellt. Dann gelingt der Erwerb der Umgebungssprache „wie im Spiel". Mögliche Schwierigkeiten im Spracherwerb können bei Kindern mit Migrationshintergrund in der Regel auf ungünstige Spracherwerbsbedingungen zurückgeführt werden, die sich durch einen zu geringen Kontakt mit dem Deutschen auszeichnen (Rothweiler et al. 2007).

Kindern mit einer anderen Familiensprache als Deutsch stehen zwar nicht alle sprachlichen Kompetenzen zur Verfügung, um komplexe Satzstrukturen zu entwickeln, sie verfügen jedoch in der Regel über vielfältige kommunikative Möglichkeiten, um über das Verstehen einzelner Wörter und mithilfe sozialer Strategien den Zugang zu sprachlicher Interaktion zu erlangen. Die Ergebnisse einer Studie von Spracherwerbsbedingungen im Kindergarten (Albers 2009) weisen daraufhin, dass sich trotz ähnlicher Ausgangslage hinsichtlich der linguistischen Kompetenzen von Kindern mit Deutsch als Zweitsprache und deutschsprachigen „Risikokindern" unterschiedliche Prognosen für die Sprachentwicklung ergeben: Kinder mit Deutsch als Zweitsprache haben gegebenenfalls in der Familiensprache bereits Freude an der Kommunikation gefunden, die sie nun auf die Zweitsprache übertragen können. Ihnen gelingt es trotz geringer Sprachkenntnisse, in das gemeinsame Spiel und die Kommunikation mit gleichaltrigen Kindern zu treten. Kinder mit mangelnden Sprachkenntnissen in ihrer Herkunftssprache dagegen haben möglicherweise bereits mehrfach Ablehnung in der Peergroup erfahren und Kompensationsstrategien entwickelt, wie zum Beispiel die bevorzugte Wahl von Erwachsenen als Interaktionspartner.

Auf der Grundlage ihrer Langzeitstudie von fünf Kindern mit Migrationshintergrund in Kalifornien (Erstsprache: spanisch) arbeitet Wong Fillmore (1979) die Strategien der Kinder heraus, die einen erfolgreichen Zweitspracherwerb im Englischen begünstigen. Aus den Ergebnissen lassen sich Konsequenzen für die pädagogische Arbeit ableiten, da die Studie die sprachliche Interaktion unter Gleichaltrigen fokussiert und danach fragt, mit welchen sozialen Verhaltensweisen die fünf- bis siebenjährigen Kinder an die Aufgabe des Zweitspracherwerbs treten und welche Unterstützung sie dabei durch ihre Umgebung erfahren. Diese Herangehensweise konnte auch für den Erwerb der Umgebungssprache Deutsch bei Kindern mit Migrationshintergrund im Kindergarten nachgewiesen werden (Albers 2009).

Auf dem Weg zum Erwerb der Umgebungssprache verwenden Kinder demnach zunächst formelhafte, kommunikative Wendungen, um in Interaktion treten zu können (z.B. „Wie geht's?“). Die Kinder imitieren die sprachlichen Äußerungen der deutschsprachigen Spielpartner und übermitteln ihnen Signale, die Kommunikation aufrechtzuerhalten. Der Erwerb wichtiger grammatischer Regeln erfolgt in diesem Verständnis nicht von einfachen zu komplexen Äußerungen, sondern durch die Analyse und den Gebrauch sprachlicher Wendungen. Um sich die Umgebungssprache aktiv anzueignen, werden kognitive und soziale Strategien eingesetzt, bei denen das Kind mit folgenden Annahmen in eine Interaktion eintritt:

Kognitive Strategien

- Nimm an, dass Äußerungen unmittelbar situationsrelevant sind.
- Nimm einige Äußerungen und beginn zu sprechen.
- Suche nach wiederkehrenden Teilen in bekannten Ausdrücken.
- Mach das Beste aus dem, was du hast.
- Arbeite zuerst an großen Dingen; kümmere dich später um die Details.

Soziale Strategien

- Geh in eine Gruppe und tu so, als ob du verstehen würdest, auch wenn es nicht so ist.
- Gib mit einigen wenigen Wörtern den Eindruck, dass du die Sprache sprechen kannst.
- Zähle darauf, dass du dich auf die Hilfe deiner Freunde verlassen kannst.

In der Unterstützung solcher Strategien, der Unterstützung von Gesprächen unter Gleichaltrigen und der Bereitstellung eines kontextuellen Rahmens, in dem sich Kinder ihre Umgebungssprache erschließen können, liegt eine wichtige Aufgabe für frühpädagogische Fachkräfte im Ungang mit Kindern nichtdeutscher Herkunftssprache.

Konsequenzen für die pädagogische Praxis

Die Ergebnisse der Zweitspracherwerbsforschung weisen insgesamt darauf hin, dass ein erfolgreicher Erwerbsprozess nicht nur von individuellen Faktoren, sondern auch in erheblichem Maße davon abhängig ist, welche Qualität des Inputs in der sprachlichen Umwelt verfügbar gemacht wird.

Diese kennzeichnet sich durch das Zusammenspiel der sprachlichen Qualität in der Peerinteraktion und der Qualität der pädagogischen Prozessgestaltung:

- Werden in der Einrichtung Möglichkeiten geschaffen, in denen die Kinder Rollenspiele durchführen können?
- Werden Bilderbücher bereitgestellt und gemeinsam gelesen?
- Achten die Erwachsenen auf den Einsatz ihrer eigenen Sprache?
- Gibt es auch unter den Kindern genügend kompetente Sprecher?

Wenn es in einer Einrichtung aufgrund mangelnder sprachlicher Vorbilder nicht möglich ist, linguistisch relevante Hinweise aus der sprachlichen Umwelt zu entnehmen, kann der gesellschaftliche und bildungspolitische Auftrag der Herstellung von Chancengleichheit in Kindertageseinrichtungen nicht hinreichend erfüllt werden.

„Brennpunkt“-Kitas

Eine Einrichtung im „sozialen Brennpunkt“ steht in ihren Bemühungen um erfolgreiche Sprachförderung in diesem Zusammenhang vor einer ungleich schwierigeren Aufgabe als eine Einrichtung, in der überwiegend sprachlich kompetente Kinder sind und sich in der Folge eine Vielzahl an sprachförderlichen Interaktionen wie von selbst, also im gemeinsamen Spiel ergeben.

Ein kompetenter Umgang mit sprachlicher Vielfalt in Krippe und Kindergarten erfordert daher eine differenzierte Auseinandersetzung mit den Erwerbsbedingungen in der Einrichtung, aber auch in der Familie. Innerhalb der Orientierungspläne für Bildung und Erziehung im Elementarbereich kommt den frühpädagogischen Fachkräften der Auftrag zu, die sprachlichen Kompetenzen der Kinder entwicklungsadäquat zu begleiten und zu fördern. Die prozessbegleitende Unterstützung des Spracherwerbs erfordert jedoch das Wissen um diagnostische Verfahren, spracherwerbstheoretische Grundlagen, effektive Sprachförderverfahren sowie sprachlehrende Aspekte des eigenen Spracheinsatzes (→ Kap. 4).

Dass ein bewusster Einsatz der Sprache von pädagogischen Fachkräften sowie die Dialogbereitschaft und Aufmerksamkeit gegenüber kindlichen Interessen positive Auswirkungen auf die Gestaltung von sprachlich-kommunikativen Situationen hat, zeigt sich durch die Beispiele gelingender Interaktion im Kindergarten. So sind auch Kinder, die in einem standardisierten Sprachscreening als Risikokind eingestuft wurden, zu sprachlichen Äußerungen fähig, die weit über ihre durchschnittliche Äußerungslänge und -qualität im Kindergartenalltag hinausgehen, wenn sie sich von pädagogischen Fachkräften für etwas begeistern lassen (Albers 2009).

Sprache und Interesse

Diese bisher weitgehend in der pädagogischen Praxis vernachlässigte Erkenntnis erfordert eine diagnostische Verknüpfung sprachlicher Kompetenzen mit dem Interesse der Kinder im Interaktionsprozess. Das Interesse wird übereinstimmend als wichtiger Indikator zur Unterstützung von Lernprozessen und zur Herstellung und Aufrechterhaltung gemeinsamer Denk- und Kommunikationsprozesse gesehen. Eingelöst werden könnte die Forderung nach Einbeziehung sprachlicher und interessenbezogener Aspekte in der Spezifizierung des in vielen Kindertageseinrichtungen eingesetzten Verfahrens der Bildungs- und Lerngeschichten, mit dem unter anderem die Lerndispositionen und Interessen der Kinder dokumentiert und prozessbegleitend unterstützt werden (→ Kap. 4.3). Für pädagogische Fachkräfte könnten die Lerndispositionen wichtige Hinweise für die Gestaltung eines sprachanregenden und unterstützenden pädagogischen Rahmens liefern, der zu einer deutlichen Steigerung der Länge und Komplexität von Kinderäußerungen führen würde.

Aufgabe von Krippe und Kindergarten

Kindertageseinrichtungen und Grundschulen kommen vermehrt Aufgaben der Sprachförderung und Feststellung des Sprachstandes zu, ohne dass bisher eindeutig bestimmt werden konnte, welche sprachlichen Fähigkeiten zu Schuleintritt vorhanden sein müssen und welche Kompetenzen schon im vorschulischen Bereich angebahnt werden sollten. Die sprachliche Vielfalt, mit der Kinder in den Kindergarten eintreten, zeichnet sich durch eine hohe Vitalität und Loyalität gegenüber den Familiensprachen aus, unabhängig davon, ob es sich dabei um eine große oder kleine Sprechergruppe handelt. Somit ist auch langfristig nicht von einer sprachlichen Assimilation der Zuwandererfamilien auszugehen, sondern vielmehr davon, dass auch zukünftig Kinder unter Bedingungen von Mehrsprachigkeit in Krippe und Kindergarten eintreten und zu einer großen sprachlichen und kulturellen Vielfalt beitragen.

Auf der Basis vorhandener spracherwerbstheoretischer Erkenntnisse zur Mehrsprachigkeit lässt sich die zentrale Aussage ableiten, dass es nicht an der Mehrzahl der Sprachen als solcher liegt,

> „sondern am Zusammentreffen ungünstiger Umstände, wenn sich statt der bereichernden Effekte in mehrsprachigen Biografien Schwierigkeiten auftun“ (List 2005, 29).

Betrachtet man unter systematischen Gesichtspunkten die Vielzahl an Größen, die den Zweitspracherwerb beeinflussen, kann man in diesem Zusammenhang folgende Faktoren gruppieren, die bei einer Analyse von Mehrsprachigkeit berücksichtigt werden müssen: Das Verhältnis der Kompetenz in der Familiensprache zu der Umgebungssprache, die Strukturen und Regeln der zu lernenden Sprache, die Strategien im Erwerbsprozess sowie das sprachliche Handeln der Lernenden in der Kommunikation mit Sprechern der Umgebungssprache.

Literaturempfehlungen

Chilla, S., Rothweiler, M., Babur, E. (2010): Kindliche Mehrsprachigkeit. Grundlagen – Störungen – Diagnostik. Ernst Reinhardt, München/Basel

Tracy, R. (2008): Wie Kinder Sprachen lernen und wie wir sie dabei unterstützen können. Francke, Tübingen

3.6 Sinnesbeeinträchtigungen und Körperbehinderungen

Unter Sinnesbeeinträchtigungen werden Beeinträchtigungen der visuellen und auditiven Wahrnehmung zusammengefasst. Dazu gehören Sehbeeinträchtigungen und Blindheit sowie Hörstörungen, die das Spektrum von Schwerhörigkeit bis zur Gehörlosigkeit darstellen. Zur Unterstützung der sinnesbeeinträchtigten Kinder gibt es ein Netz an speziellen Frühfördereinrichtungen, in denen dafür ausgebildete Heil- und Sonderpädagogen ambulante Hilfen anbieten. Zwar gibt es eine Anzahl an sehr gut ausgestatteten Sonderkindergärten für Kinder mit Hörstörungen oder Sehbeeinträchtigungen, aus fachlicher Perspektive besteht aber bei einer Fortsetzung der Frühförderung in der Kindertageseinrichtung und Kooperation mit therapeutischem Fachpersonal kein Grund, Kindern den Zugang zur Krippe oder zum Kindergarten vor Ort zu verwehren. Unterstützung und Beratung bei der Suche nach einem Betreuungsplatz bieten entsprechende Elternverbände, zum Beispiel der Bundeselternverband gehörloser Kinder e. V. in Deutschland (www.gehoerlosekinder.de) oder der Elternverband visoparents in der Schweiz (www.visoparents.ch). Diese Verbände setzen sich dafür ein, dass sich blinde, seh- und hörbeeinträchtigte Kinder trotz ihrer körperlichen Einschränkungen gesund entwickeln und eine größtmögliche Selbstständigkeit und Lebensqualität erlangen können.

Hörminderung

Schätzungen zufolge kommen in Deutschland zwischen ein und zwei von 1000 Säuglingen schwerhörig oder gehörlos zur Welt (BZgA 2010, Ptok 1997). Diese sind entweder genetisch bedingt, gehen auf Erkrankungen der Mutter zurück oder sind mit Komplikationen während der Geburt zu begründen. Im Kindesalter können Infektionskrankheiten zur Schädigung des Gehörs führen, die auditive Wahrnehmung und Hörfähigkeit muss also von Eltern und frühpädagogischen Fachkräften auch im Verlauf der Entwicklung weiter beobachtet werden. Die häufigste Ursache für kindliche Hörschädigungen liegt laut Bundeszentrale für gesundheitliche Aufklärung in den Kinderkrankheiten Masern, Mumps, Röteln und Scharlach.

Wie auch im Spracherwerb gibt es in der Entwicklung des Hörens sensible Phasen, in denen das Kind Hören lernt.

Nach den ersten drei Lebensjahren verlangsamt sich diese Fähigkeit, daher wird der Frühdiagnostik von Hörstörungen eine große Bedeutung beigemessen. Die Früherkennung von Hörstörungen spielt dabei eine große Rolle für den Spracherwerb, da in der Hörleistung eine der wichtigsten Voraussetzung für die Entwicklung altersgerechter Sprache liegt (→ Kap. 3.4).

Diagnostik

Als wichtiger Teil der Untersuchung von Neugeborenen gilt das „Universelle Neugeborenen-Hörscreening", welches bereits kurz nach der Geburt durchgeführt werden kann. In Deutschland, Österreich und der Schweiz ist dieses Screening bereits zum wichtigen Standard der ärztlichen Untersuchung geworden. Ziel ist die Erfassung einer signifikanten und permanenten Hörstörung (Probst 2008). Bei dieser Hörstörung besteht ein hohes Risiko für die normale Sprachentwicklung. Darunter fällt ein Hörverlust von 40 dB oder mehr bei den Frequenzen 0.5 / 1 / 2 / 4 kHz.

Die Messung der sogenannten otoakustischen Emissionen (TEOAE) baut auf der Tatsache auf, dass ein gesundes Innenohr auf akustische Reize aktiv mit Schwingungen reagiert, wenn Schallwellen ins Ohr eindringen (Gross 2005). Durch Reste von Fruchtwasser in den Gehörgängen, Störgeräusche von Außen oder Bewegungen des Säuglings können die dabei gemessenen Werte jedoch verfälscht werden, sodass bei einem auffälligen Ergebnis der Test wiederholt wird.

Wird eine angeborene Hörstörung erkannt, kann diese zwar in der Regel nicht behoben werden, den Kindern wird aber durch medizinische Behandlungsmöglichkeiten und Hörhilfen eine positive Entwicklung ermöglicht. Werden Hörstörungen jedoch nicht erkannt, wirkt sich dies negativ auf andere Entwicklungsbereiche des Kindes aus.

Kinder beobachten

Zunächst sollten Eltern und Fachkräfte sensibilisiert werden, damit Hörstörungen früh erkannt werden. Die Bundeszentrale für gesundheitliche Aufklärung (2010) nennt daher folgende Leitsätze, die berücksichtigt werden sollten:

- Treten beim Kind Ohrenschmerzen auf, sollte ein Arzt aufgesucht werden.
- Insbesondere im Säuglings- und Kleinkindalter sollte die Hörfähigkeit der Kinder von Eltern konsequent beobachtet und überprüft werden. Hinweise bieten dafür die Reaktionen des Säuglings, wenn er bei einem Geräusch erschrickt. Mit etwa drei bis fünf Wochen zeigen sich Reaktionen auf den Zuspruch der Eltern oder auf Papierrascheln. Mit den Augen wird die Quelle der Geräusche gesucht.

- Im Verlauf der Entwicklung sollte bei den Verhaltensweisen des Kindes auch immer in Betracht gezogen werden, dass das Verhalten auf eine Hörstörung hinweisen könnte. Dazu gehören Auffälligkeiten in der Sprachentwicklung, aber auch aggressives Verhalten oder Kontaktschwierigkeiten mit anderen Kindern.
- Mit einem Jahr zeigt das Kind Reaktionen, wenn es aus etwa einem Meter Entfernung flüsternd angesprochen wird.
- Mit zwei Jahren kann das Kind auf Körperteile zeigen, wenn man diese flüsternd benennt. Es erkennt darüber hinaus Alltagsgeräusche wie Autos, Staubsauger, Mücken oder Tierlaute.
- Mit vier Jahren sollte das Kind ihm bekannte Geräusche sicher erkennen und auch Anweisungen verstehen, wenn es nicht die Möglichkeit hat, die Lippenbewegungen zu beobachten.

zum Umgang mit Hörminderung in der Kita

Das folgende Beispiel einer Krippe, die ein Kind mit Hörbeeinträchtigung betreut, zeigt, welche positiven Effekte sich für die gesamte Gruppe ergeben können, wenn sich die Einrichtung an die Bedürfnisse des Kindes anpasst.

Beispiel für ein Kind mit Hörschädigung in der Krippe

Eine Erzieherin schildert ihre Erfahrungen: „Nach der Aufnahme eines Kindes mit Hörschädigung haben wir eine Mittagsruhe eingeführt. Für dieses ist eben das Getümmel im Freispiel oft sehr anstrengend, und wir haben gemerkt, dass wir das alle ganz gut gebrauchen können. Nach dem Essen wird ein Schild aufgehängt. Der Turnraum wird dann zum Ruheraum, und man kann sich hinlegen. Einige Kinder schauen dann mal so ein bisschen ins Leere, gerade in der Eingewöhnungsphase oder wenn es ein harter Tag war, nach dem Schwimmen zum Beispiel, dann schlafen viele Kinder auch einfach ein.
Aber trotzdem ist es natürlich ein lautes Geschäft, und die Kinder profitieren von einer Ruhepause. Also das Spiel wird ruhig, und sie sammeln sich und zentrieren sich irgendwie und bleiben bei einer Sache. Auch uns Erwachsenen tut das gut."

Kommunikation ermöglichen

Ist ein Kind aufgrund seiner Beeinträchtigungen nicht zur mündlichen Kommunikation fähig, muss über Alternativen nachgedacht werden. Ein Beispiel für die Unterstützung von Kindern mit Hörstörung besteht im Erlernen der Gebärdensprache. Erfahrungen aus der Praxis zeigen, dass auch hier die gesamte Gruppe im Kindergarten eingebunden werden kann. Das Kind mit Hörstörung kann unterstützt durch die ambulante Frühförderung dabei zum Experten werden, wenn es den Gleichaltrigen und den Erwachsenen Gebärden zeigt. Bei Kindern im Krippenalter bietet sich auch das System der gebärdenunterstützenden Kommunikation (GuK) an, welches sich von der Gebärdensprache darin unterscheidet, dass nur die wesentlichen Bedeutungsträger innerhalb einer Aussage gebärdet werden. Damit knüpft das von Etta Wilken (2010) entwickelte System an der Sprachentwicklung von Kleinkindern oder Kindern mit geistigen Beeinträchtigungen an (→ Kap. 3.7).

Sehstörungen

Ebenso wie bei der Entwicklung sprachlicher und auditiver Fähigkeiten ist das erste Lebensjahr für die Entwicklung des Sehvermögens von besonderer Bedeutung. Werden Sehfehler oder das Schielen im Kleinkindalter nicht erkannt, kann sich die Sehschärfe nicht normal entwickeln (BZgA 2010).

Wird eine Sehschwäche in den ersten drei Lebensjahren erkannt, besteht eine größere Chance zur normalen Entwicklung der Sehfähigkeit. Für Kinder mit Sehstörungen besteht grundsätzlich die Möglichkeit, zwischen dem Besuch einer spezialisierten heilpädagogischen Einrichtung und dem allgemeinen Kindergarten auszuwählen. In der Regel ist aufgrund der ambulanten Unterstützung durch die Frühförderung oder durch spezialisierte ambulante Zentren mit dem Besuch eines Kindergartens vor Ort aber der Vorteil verbunden, dass das Kind gemeinsam mit Kindern ohne Beeinträchtigung aufwachsen und Freundschaften knüpfen kann, die aufgrund der Wohnortnähe auch außerhalb der Einrichtung gepflegt werden können.

Hinweise zur Früherkennung

Bei den kinderärztlichen Untersuchungen wird auch das Sehvermögen der Kinder überprüft. Eltern sollten von frühpädagogischen Fachkräften dabei den Rat erhalten, sich bei Unsicherheiten an den Kinderarzt zu wenden. Dabei sollte man sensibel werden, wenn das Kind bestimmte Anzeichen einer Sehstörung zeigt (BZgA 2010):

- Der Säugling schielt im Alter von sechs Monaten noch oft (einige Sekunden langes Babyschielen).
- Das Kind blinzelt oft, es reibt die Augen oder kneift sie zusammen.
- Das Kind hält beim Schauen den Kopf schief, oder seine Augen zittern.

- Die Augen weisen äußerliche Auffälligkeiten auf, wie zum Beispiel Hornhauttrübung, grau-weißlich verfärbte Pupillen, große lichtscheue Augen.
- Augenentzündungen müssen ärztlich behandelt werden.

Blindheit

Die Auftretenswahrscheinlichkeit völliger Erblindung liegt bei etwa zwei von 10.000 neugeborenen Kindern, die Anzahl an Kindern mit starker Beeinträchtigung des Sehens ist vier- bis sechsmal so hoch (BZgA 2010).

Bei den blinden oder stark sehbeeinträchtigten Kindern übernehmen andere Wahrnehmungsbereiche die Verarbeitung der ansonsten visuell übertragenen Reize. Dabei kommt insbesondere dem Hör- und Tastsinn eine besondere Bedeutung zu. Durch die Beeinträchtigungen der visuellen Wahrnehmung können Verzögerungen in anderen Entwicklungsbereichen auftreten, die aber bis zum Schulalter aufgeholt werden können. Das von einer Erzieherin geschilderte Beispiel zeigt in diesem Zusammenhang, dass der Austausch und die Zusammenarbeit mit den Eltern für frühpädagogische Fachkräfte wertvolle Hinweise über die Vorlieben und Abneigungen von Kindern geben können.

Beispiel: Taktile Reize

„Ein Junge in unserer Einrichtung, der eine Sehstörung hat, ist gegenüber taktilen Reizen sehr empfindlich. Er mag zum Beispiel überhaupt keinen Sand, die Berührung von Wasser wird zugelassen, aber viele Dinge kann er nicht berühren. Dazu gehört zum Beispiel auch das Essen. Im Alltag des Kindergartens gibt es so viele Situationen, in denen er mit verschiedenen taktilen Reizen in Berührung kommt. Man spürt, dass sich die Entwicklung dahingehend ausrichtet, dass er mit den Händen Dinge zu berühren versucht, um die fehlenden visuellen Reize zu kompensieren. Durch seine Sehstörung braucht er es eben auch, dass seine Hände wirklich viele Informationen aufnehmen können oder dass er seine Hände viel einsetzen muss. In Absprache mit den Eltern entwickelt sich jedoch eine Gelassenheit, die dazu führt, den Alltag sensibler zu beobachten: Nicht ich muss jetzt unbedingt taktile Reize setzen, sondern der Alltag rückt immer wieder in den Fokus und die Frage, wie ich ihn unterstützen kann. Früher hätte ich versucht, ihn an Sand oder andere Materialien zu gewöhnen, da kein Kind ohne Sand, Kleister, Knete oder Ton auskommen kann."

Aufnahme eines Kindes mit Sehstörung

Wenn mangelnde Erfahrung im Umgang mit Kindern mit einer Sehstörung dazu führen, dass sich eine Einrichtung aus

Unsicherheit nicht zur Aufnahme eines Kindes bereit erklären möchte, ist auch hier die Kooperation mit dem pädagogischen und therapeutischen Personal der Frühförderung nötig. Diese Fachkräfte arbeiten in der Regel schon lange mit der Familie zusammen und können Unsicherheiten nehmen. Sie begleiten das Kind auch weiterhin, wenn es eine Regeleinrichtung besucht, und unterstützen die Einrichtung dabei, sich auf die Bedürfnisse des Kindes einzustellen und Veränderungsmaßnahmen in die Wege zu leiten. Das folgende Beispiel zeigt deutlich, dass mit den Veränderungsprozessen Vorteile für alle Kinder einhergehen können.

Beispiel: Kind mit Sehstörung in einer Kindertageseinrichtung

Eine Heilpädagogin berichtet von der Aufnahme eines Kindes mit einer Sehstörung: „Als wir zum ersten Mal ein Kind mit einer Sehstörung aufgenommen haben, haben wir zunächst gedacht, der Junge sei völlig erblindet. Jetzt staunen wir über seine Wahrnehmungsfähigkeit. Mit der Aufnahme war jedoch auch verbunden, dass wir uns als Team in seine Bedürfnisse hineinversetzen mussten. Dabei wurde deutlich, dass der Flur sehr dunkel war. Wir entschlossen uns, die Namensschilder und die Fotos an den Fächern zu vergrößern und optisch mehr hervorzuheben, damit er sie auch erkennen kann. Im pädagogischen Alltag wird das einfach immer mehr zur Selbstverständlichkeit. Nicht danach zu fragen, ob wir ein sehbehindertes Kind aufnehmen können, sondern die Frage nach den Veränderungen, wenn ein Kind aufgenommen wird, beschäftigt uns. Auch bei der Anschaffung von neuen Materialien stellen wir uns diese Fragen. Wenn wir merken, dass er so wenig mit den Kindern draußen spielen möchte, beobachten wir sein Spielverhalten und bemerken dann, was ihn interessiert. Wenn wir dann merken, dass ihn Fahrzeuge besonders reizen, dann brauchen wir dringend Bagger und Laster, damit er einen Anreiz hat, mit den anderen im Sand zu spielen. Das ist dann ein Riesenschritt für ihn, wenn er Kontakt zu den anderen Kindern aufnimmt und mit ihnen gemeinsam im Sandkasten spielt. Irgendwie fühlt sich das immer selbstverständlicher an so mit den Jahren."

Körperbehinderung

Körperliche und motorische Behinderungen können von Geburt (zum Beispiel bei einer Spina bifida, einer Spaltbildung in der Wirbelsäule) oder im Laufe der kindlichen Entwicklung durch Unfall oder Krankheit entstehen (Hansen 2004). Bei angeborenen Rückenmarksverletzungen kommt es zu Lähmungen und Sensibilitätsstörungen unterschiedlicher Ausprägung. Betroffene Kinder haben Schwierigkeiten, die Blasen-, Darm- und Genitalfunktionen zu kontrollieren. Aufgrund der hohen Anpassungsfähigkeit (Plastizität) des kindlichen Gehirns erhält die frühzeitige Entwicklungsunterstützung von Kindern mit körperlichen und motorischen Einschränkungen daher eine wichtige Funktion.

Cerebrale Bewegungsstörungen

Als cerebrale Bewegungsstörungen werden abweichende Haltungs- und Bewegungsmuster infolge einer Schädigung des noch unreifen Gehirns bezeichnet, die vor, während oder kurz nach der Geburt auftreten. Als Ursachen werden dafür Infektionskrankheiten der Mutter, Ernährungsstörungen im Kleinkindalter oder Hirnverletzungen in der frühkindlichen Entwicklung gezählt.

Als Folge einer Schädigung des zentralen Nervensystems führt eine Tonuserhöhung der Muskulatur (Spasmus) zu nicht funktionellen Bewegungsmustern von Armen und Beinen. Die Ausprägung wird je nach Beteiligung der Extremitäten unterschieden in:

- Tetraplegie (alle vier Extremitäten sind betroffen),
- Hemiplegie (Extremitäten einer Körperseite sind betroffen),
- Diplegie (vorwiegend die unteren Extremitäten sind betroffen).

Kinder mit Körperbehinderung in der Kita

Der Besuch einer wohnortnahen Einrichtung ist für Kinder mit körperlichen und motorischen Beeinträchtigungen davon abhängig, dass ihnen die nötigen Unterstützungsmöglichkeiten vor Ort gewährt werden. Dazu gehört an erster Stelle die Zugänglichkeit (Barrierefreiheit) zu allen Orten in der Einrichtung und auf dem Außengelände. In einer inklusiven Frühpädagogik darf aber kein Zweifel daran bestehen, dass die nötigen Voraussetzungen geschaffen werden.

Die Versorgung mit Hilfsmitteln zur Kommunikation und Fortbewegung muss auch in der Kindertageseinrichtung gewährleistet sein, damit die Kinder in den Austausch mit anderen Kindern treten können. Der Standpunkt, eine zu frühe Versorgung mit rollenden Hilfsmitteln würde sich negativ auf die Geh- und Stehmotivation der Kinder auswirken, gilt aus fachlicher Sicht als überholt (Hansen 2004). Wenn schon früh die Erfahrungen zur Erkundung des Kindergartens oder der Krippe geschaffen werden, führt dies vielmehr zu einer Steigerung der Selbstbestimmung und Selbstständigkeit der Kinder.

Das Potenzial der gemeinsamen Bildung, Erziehung und Bertreuung von Kindern mit und ohne Behinderung wird am folgenden Beispiel deutlich gemacht. Die Kinder orientieren sich an den unterschiedlichen Voraussetzungen und lernen dadurch voneinander.

Beispiel: Kind mit Körperbehinderung im Kindergarten

Eine Erzieherin berichtet: „Eines unserer Kinder hat eine körperliche und motorische Behinderung. Es hat sich sehr lange Zeit nur krabbelnd fortbewegen können, war dadurch aber an allen Orten, die es erreichen wollte. Viele Spiele mit der gesamten Gruppe haben dann auch krabbelnd stattgefunden. Die Kinder ohne Behinderung haben sich dadurch auffällig häufig auch noch mehr in Bodennähe aufgehalten und damit Erfahrungen gesammelt, die sie sonst nie gemacht hätten. Obwohl das sehr gut geklappt hat, merkte man die Motivation, die der Junge aufbrachte, um Stehen zu üben. Als er dann eines Tages im Morgenkreis sagte, er könne jetzt übrigens stehen, waren alle anderen begeistert. Dann stand er von seinem Stuhl auf, stellte sich hin und bekam echt Applaus dafür. Das war wirklich beeindruckend, wie die Kinder das gesehen haben, dass das, was sie schon vier Jahre können, bei ihm im Alter von sechs Jahren ein so wichtiger Schritt war. Alle waren total stolz auf ihn."

Literaturempfehlungen

Leyendecker, C. (2005): Motorische Behinderungen. Grundlagen, Zusammenhänge und Förderungsmöglichkeiten. Kohlhammer, Stuttgart

Priglinger, S., Zihl, J. (2007): Sehstörungen bei Kindern. Diagnostik und Frühförderung. Springer, Wien

Wilken, E. (Hrsg.) (2006): Unterstützte Kommunikation. Eine Einführung in Theorie und Praxis. Kohlhammer, Stuttgart

3.7 Geistige Behinderung

Die begriffliche Bestimmung von geistiger Behinderung ist fachlich äußerst umstritten und in der Praxis oft schwer nachzuvollziehen. Die Selbstvertretungsgruppe People First (www.people1.de) lehnt den Begriff ‚geistig behindert' sogar völlig ab, da er als abwertend empfunden wird. Die Lebenshilfe Österreich übernahm im Jahr 2006 die von People First vorgeschlagene Wortwahl ‚Menschen mit Lernschwierigkeiten' und entschied sich, den Begriff ‚geistige Behinderung' völlig aus ihrem Wortschatz zu streichen.

Auch Christian Lindmeier (2004) verweist darauf, dass Behinderung nicht als individuelles Merkmal eines Menschen beschrieben werden kann, sondern als ein mehrdimensionales Phänomen verstanden werden muss. Er zitiert dabei eine Stellungnahme der amerikanischen Vereinigung für Menschen mit geistiger Behinderung:

„Geistige Behinderung ist nicht etwas, was man hat – wie blaue Augen oder ein ‚krankes' Herz. Geistige Behinderung ist auch nicht etwas, was man ist – wie etwa klein oder dünn zu sein. Sie ist weder eine gesundheitliche Störung noch eine psychische Krankheit. Sie ist vielmehr ein spezieller Zustand der Funktionsfähigkeit, der in der Kindheit beginnt und durch eine Begrenzung der Intelligenzfunktionen und der Fähigkeit zur Anpassung an die Umgebung gekennzeichnet ist. Geistige Behinderung spiegelt deshalb das ‚Passungsverhältnis' zwischen den Möglichkeiten des Individuums und der Struktur und den Erwartungen seiner Umgebung wider."

Im Grundsatzprogramm der Lebenshilfe (www.lebenshilfe.de) wird das oben beschriebene Passungsverhältnis konkret beschrieben: Von einer Behinderung wird erst dann gesprochen, wenn aufgrund einer Schädigung eines Menschen Einschränkungen an der Teilhabe am Leben der Gesellschaft entstehen. Je mehr die Gesellschaft jedoch dazu bereit ist, den Menschen mit einer geistigen Behinderung als Teil der Gesellschaft zu verstehen, desto weniger führt die Schädigung zu einer Benachteiligung.

Behinderung entsteht zusammenfassend also aus der Wechselwirkung zwischen Menschen mit Behinderungen bzw. Menschen mit Lernschwierigkeiten und Barrieren, die in der Umwelt und der Einstellung der Gesellschaft zu Behinderung zu finden sind. Diese Barrieren hindern Menschen an der gleichberechtigten Teilhabe an der Gesellschaft.

Ursachen und Zuordnungen

Die Ursachen für eine geistige Behinderung weisen eine hohe Variation auf und können in etwa der Hälfte der Fälle nicht genau bestimmt werden. Die Wahrscheinlichkeit, die Ursache der geistigen Behinderung bestimmen zu können, steigt, je größer der Schweregrad der Beeinträchtigung ist (Karch 2002).

Häufigste Ursachen geistiger Behinderung sind genetisch bedingte frühe Störungen in der Zellteilung des Fötus (wie beispielsweise Chromosomenaberration beim Down-Syndrom). Neben den genetisch bedingten Ursachen können auch erworbene Schädigungen vor, während oder nach der Geburt zu Schädigungen führen, zum Beispiel Erkrankungen der Mutter, Drogen- oder Alkoholkonsum während der Schwangerschaft, aber auch Hirnblutungen oder andere Komplikationen während und nach der Geburt. Neben Infektionen am zentralen Nervensystem oder Hirntraumata können im Verlauf der kindlichen Entwicklung psychosoziale Faktoren, wie erhebliche Vernachlässigung, eine geistige Behinderung verursachen.

Kinder mit geistiger Behinderung in der Kita

Aufgrund der vielfältigen Erscheinungsformen von geistiger Behinderung kann hier nur exemplarisch beschrieben werden, welche Veränderungen in einer Einrichtung angestoßen werden, wenn ein Kind mit geistiger Behinderung aufgenommen wird.

Innerhalb der inklusiven Frühpädagogik muss in diesem Zusammenhang auch eine vielfach vorgenommene „Prototypisierung" von Kindern mit Down-Syndrom abgelehnt werden, die impliziert, dass einige Kinder mit einer geistigen Behinderung „integrierbarer" seien als andere, da ihnen bestimmte soziale Kompetenzen zugeschrieben werden. Vielmehr bedeutet die Aufnahme eines Kindes mit einer geistigen Behinderung den intensiven Austausch mit Eltern, Frühförderung und beteiligten Therapeuten, um den Übergang in die Kindertageseinrichtung bestmöglich gestalten zu können. Individuelle Voraussetzungen des Kindes sind dabei in den unterschiedlichen Entwicklungsbereichen zu ermitteln. So kann es sein, dass ein Kind nicht fähig ist, in die sprachliche Interaktion mit Gleichaltrigen zu treten. Hier sind alternative Kommunikationswege zu ermöglichen, wie das folgende von einer Erzieherin geschilderte Beispiel zeigt.

Beispiel: Kommunikation mit Bildern

„Im Gruppenraum hängen im Rahmen eines Projektes Fotos von Kindern, die einen bestimmten Ausdruck im Gesicht haben und damit einen Gefühlsausdruck vermitteln. Und neulich war es so, dass Jan in eine Spielsituation von großen Jungs gegangen ist. Der findet es bei den großen Jungs immer ganz großartig, und er ist dann da so hingesaust, hat auch was kaputt gemacht und wollte ein bestimmtes Männchen haben. Und dann haben sie gesagt: ‚Nein, nicht Jan, das geht nicht, du kannst nicht mitspielen.' Und dann ist er weggestampft und ich bin hingegangen und habe ihn gefragt ‚Bist du ganz sauer?' Ich habe auf das Foto von dem Jungen gezeigt, der ärgerlich und wütend guckt. Und dann hat er da so hingeguckt, hat mit dem Kopf geschüttelt und ist dann zu dem Foto von dem Jungen gegangen, der ganz traurig guckte. Das haben die großen Kinder gesehen und gesagt: ‚Komm Jan, komm zu uns!' Und sie haben ihn wieder mit ins Spiel geholt. Er hatte dann eine bestimmte Rolle, er hat das Männchen gekriegt, was ihm ganz wichtig war, und dann haben sie was aufgebaut, was man miteinander machen kann."

Literaturempfehlungen

Fornefeld, B. (2009): Grundwissen Geistigbehindertenpädagogik. 4. Aufl. Ernst Reinhardt, München/Basel

Lingenauber, S. (2008): Handlexikon der Integrationspädagogik 1: Kindertageseinrichtungen. Projekt Verlag, Bochum/Freiburg

4 Gestaltung pädagogischer Prozesse

4.1 Unterstützung der Peerinteraktion

Ob der Anspruch einer inklusiven Frühpädagogik wirklich erfüllt ist, zeigt sich in der Beobachtung von Spielprozessen: Haben alle Kinder die Möglichkeit zum gemeinsamen Spiel, oder werden einzelne Kinder immer wieder von der Interaktion ausgeschlossen? Im folgenden Kapitel sollen zunächst die Grundlagen des Spiels und die eigenen Gesetze der kindlichen Interaktion dargestellt werden, die über den Zugang zu gemeinsamen Spielsituationen bestimmen.

Dies soll frühpädagogische Fachkräfte dazu befähigen, sensibel für Ausgrenzungsprozesse zu werden und soziale Exklusion in der Gruppe der Gleichaltrigen zu verhindern. Im Beispiel wird dabei deutlich, wie schwer dieser Spagat in der konkreten Praxis zu bewältigen ist, da kindliches Verhalten dadurch gekennzeichnet ist, dass immer wieder auch Ausgrenzungssituationen entstehen. Üblicherweise mündet das Eingreifen durch einen Erwachsenen in eine Spielhandlung darin, dass das Spiel abgebrochen wird und das zuvor ausgeschlossene Kind in seiner Außenseiterposition bestätigt wird, da es in den Augen der Kinder nicht ohne die Unterstützung eines Erwachsenen auskommt.

Beispiel: Inklusion und Exklusion im Spiel

Eine Erzieherin aus einer Krippe erzählt von ihren Erfahrungen: „Die Unsicherheit im Umgang mit Behinderung, die man als Erwachsener hat, besteht bei den Kindern überhaupt nicht in der Form. Also die sind teilweise auch unsicher, die Großen fragen dann zum Beispiel sehr detailliert nach, was denn das Kind hat. Und dann finde ich es auch wichtig, ihnen eine detaillierte Antwort zu geben. Aber erstmal begegnen sie sich. Und die sind auch gar nicht so voreingenommen und nehmen auch nicht in übertriebenem Maße Rücksicht. Und wenn man aber gerade Rücksichtnahme einfordert, dann passiert genau das Gegenteil. Dann wird eben hintenrum geärgert oder ausgegrenzt. Wenn man immer sagt, ‚Du musst den jetzt mitspielen lassen‘ oder: ‚Sei mal besonders

> lieb, weil es schon so schwer für das Kind ist. Es hat ja eine Behinderung', führt das eher zur Ausgrenzung. Das versuchen wir den Eltern, die das ihren Kindern sagen, immer auszureden. Das geht irgendwie nicht, das geht immer nach hinten los. Die müssen sich einfach kennenlernen."

Voraussetzungen für gemeinsames Spiel

Das kindliche Spielverhalten wird anfänglich noch sehr stark von seinen Eltern unterstützt und begleitet. Mit dem Eintritt in die Krippe oder den Kindergarten erweitert sich der Erfahrungsraum des Kindes im Hinblick auf neue Umgebungen und eine Vielzahl an möglichen Spielpartnern. Im Kontakt zu anderen Kindern lernt es seine Bedürfnisse und Ziele mit Gleichaltrigen abzustimmen und durchzusetzen. Die Interaktionen zwischen Gleichaltrigen verändern sich im Verlauf der Entwicklung im Kindergarten zu erweiterten Mustern, die sich dadurch kennzeichnen, dass das Kind in seinem Gegenüber nicht mehr ein Objekt sondern ein Subjekt erkennt, mit dem es in den Austausch treten kann (Oerter 1999). Erst im Verlauf sind Kinder mit der Fähigkeit zur sozialen Perspektivenübernahme und dem schrittweisen Abbau der kindlichen Selbstbezogenheit dazu in der Lage, sich in andere Personen hineinzuversetzen und Reaktionen der anderen im Hinblick auf Intentionen vorherzusagen. Die Annahme, dass das Kind im Verlauf seiner Entwicklung ein eigenständiges Wissen entwickelt, das es in die Lage versetzt, unabhängig von seiner Ich-Perspektive die Gedanken und Gefühle des anderen einzuschätzen, wird als ‚theory of mind' bezeichnet und als grundlegende Voraussetzung für eine gelingende Interaktion gesehen (Baron-Cohen et al. 1985).

Sensibilität im gemeinsamen Spiel

Um in eine Interaktion eintreten zu können, muss ein Kind die Sensibilität besitzen, wann es ein anderes Kind ansprechen kann und wie es Situationen gemeinsamer Aufmerksamkeit auf einen Gegenstand oder eine Spielsituation verbal oder nonverbal herstellt. Die Responsivität zeichnet sich darin aus, dass dem Spielpartner Raum für eigene Aktivitäten gelassen wird und gleichzeitig die Bereitschaft signalisiert wird, auf seine Aktivitäten einzugehen und zu antworten, um den Interaktionsverlauf aufrechterhalten zu können.

Für frühpädagogische Fachkräfte stellen diese Fähigkeiten der Kinder einen wichtigen Hinweis für die Entwicklung von Sprachkompetenz dar: So konnte in Untersuchungen nachgewiesen werden, dass Kinder mit sprachlichen Auffälligkeiten weniger häufig in Gespräche mit Gleichaltrigen treten konnten. In der Folge richteten sich diese Kinder häufiger an Erwachsene und versuchten, weniger Kontakt zu Gleichaltrigen aufzubauen.

Insgesamt zeigt sich in einer Erhebung von Rice (1993), dass Kinder mit einer spezifischen Sprachentwicklungsstörung (→ Kap. 3.4) weniger häufig Adressaten eines Gesprächs unter Gleichaltrigen sind und die eigenen Versuche, Gespräche zu beginnen, im Vergleich zu denen sprachlich kompetenter Kinder doppelt so häufig abgelehnt werden.

Entwicklung des Spiels

Mit dem zweiten Lebensjahr steht beim Kind zu Beginn der Auseinandersetzung mit neuen Gegenständen fast immer das explorative Verhalten im Vordergrund. Die Merkmale und Handlungsmöglichkeiten von Gegenständen erschließt sich das Kind über die Wahrnehmung und Motorik. In der zweiten Hälfte des zweiten Lebensjahres entwickelt es erste Symbolfunktionen, indem es bereits verinnerlichte Handlungen auf neue Situationen überträgt. Im Spiel deutet das Kind die Realität zu einem Zeitpunkt um, zu dem es erstmals die genaueren Bedeutungen von Gegenständen und Handlungen erwirbt. Zunehmend finden auch Nachahmungen von Handlungen statt, die eine thematische Verknüpfung haben. Das symbolische Spiel zeichnet sich schließlich dadurch aus, dass das Kind einem Gegenstand die Bedeutung eines anderen Objekts zuweist oder sich dessen Funktion vorstellt.

Aus dem Symbolspiel entwickelt sich ungefähr zum Eintritt in den Kindergarten die Fähigkeit des Rollenspiels, welches aber in Abhängigkeit des Entwicklungsstandes auch schon bei Krippenkindern zu beobachten ist. Drei- bis vierjährige Kinder entwerfen in der Interaktion mit anderen Kindern ein gemeinsames Drehbuch oder eine Spielgeschichte, indem sie gemäß der Rollenerwartungen und -vorschriften handeln. Während Handlungsabläufe zunächst anhand von Objekten vollzogen werden (z. B. Puppe geht zum Arzt), erreicht das Kind eine weitere Stufe, wenn es die Rolle selbst einnehmen oder auf das Rollenspiel der Gleichaltrigen eingehen kann (Largo/Benz 2003).

sprachliche Kompetenzen im Kindergarten

Beim Eintritt in den Kindergarten sind dreijährige Kinder, in Abhängigkeit von ihren kommunikativ-interaktiven Vorerfahrungen mit der Umwelt, mit unterschiedlichen sozialen Kompetenzen ausgestattet und haben zu diesem Zeitpunkt Einblicke in die kommunikative Funktion von Sprache erhalten: Von diesem Zeitpunkt an werden Äußerungen direkt an Gleichaltrige und Erwachsene gerichtet, um Gefühle und Absichten mitzuteilen. Während der Ablauf derartiger Interaktion innerhalb des dritten Lebensjahres noch durch eine weniger komplexe Frage-Antwort-Struktur geprägt ist, wird es dem Kind mit Anfang des vierten Lebensjahres möglich, komplexe Gesprächsstrukturen zu entwickeln.

Dabei setzt in der sozialen Umwelt der Kinder insgesamt eine Verschiebung der relativen Bedeutsamkeit von Gleichaltrigen und Erwachsenen ein: Prägten die Beziehungen zu erwachsenen Bezugspersonen zuvor noch weitestgehend die Interaktionen, nehmen nun Gleichaltrige einen zunehmenden Raum im sozialen Netzwerk ein und das Spielgeschehen der Kinder in seinen variierenden Ausformungen wird zum Ort der Sprache und Freundschaften (Kleinert-Molitor 1996). Trotz der hohen Bedeutung des freien Spiels, erwarten manche Eltern unter der Idee der Förderung ihrer Kinder auch vermehrt Angebote, die die frühpädagogische Fachkraft anbietet und mit einem Entwicklungsziel verbindet.

Beispiel: Fördern oder spielen lassen?

„Und wenn wir dann sagen, dass das Kostbare, das die Kinder hier bei uns erleben können, das gemeinsame Spielen ist und dass wir ganz viel unterstützen und vermitteln und moderieren und Situationen initiieren, in denen die Kinder einfach nur miteinander spielen, das reicht manchen Eltern oft gar nicht. Die wollen Förderung. Wenn ein Erwachsener mit einem Kind etwas macht, dann ist es gut. Passiert das Gleiche aber unter den Kindern, wird das oft nicht als so wertvoll angesehen. Und das ist im Grunde das, was wir so kostbar finden. Und was ja Integrationskinder, die nachmittags mit ihren Therapeuten verabredet sind, oft gar nicht haben. Das sind einfach normale Sozialkontakte. Freundschaften."

Freundschaften und Peerkultur

Freundschaften im Kindergarten entstehen durch soziale und kommunikative Kompetenzen der Kinder. Die beliebtesten Spielpartner sind in der Regel die Kinder, die sozial angemessen handeln, freundlich und aufgeschlossen sind und über gute sprachliche Kompetenzen verfügen. Zu den Fähigkeiten, die den Zugang zum gemeinsamen Spiel erleichtern, gehören die Aufrechterhaltung von Gesprächen und der Aufbau von Kontakten, die Fokussierung der Aufmerksamkeit der Interaktionspartner, sozial-emotional adäquates Verhalten gegenüber Spielpartnern und die Koordination von Spielprozessen (Fritz 2004).

In der Interaktion mit der Gruppe der Gleichaltrigen entwickeln Kinder eine Peerkultur, die nach der Definition Corsaros (2011) durch zwei zentrale Aspekte bestimmt wird: Einerseits bemühen sich alle Kinder um eine selbstbestimmte Lebensgestaltung und grenzen sich in ihren Positionen deutlich von anderen Kindern und Erwachsenen ab, andererseits möchten sie Gleichaltrige aber auch in ihre Pläne einweihen und Gemeinsamkeit erleben.

In diesem Spannungsfeld beziehen sich Freundschaften in der Krippe und im Kindergarten zunächst hauptsächlich auf aktuelle Spielsituationen und ergeben sich manchmal zufällig aus dem gemeinsamen Interesse an bestimmten Gegenständen oder Spielzeugen. Einige Freundschaften überdauern aber auch die Spielsituation und entwickeln sich zu lang andauernden emotionalen Verbindungen.

Das Streben der Kinder nach selbstbestimmter Interaktion führt im Kindergarten häufig jedoch auch zu Prozessen der Exklusion, die dadurch gekennzeichnet sind, dass anderen Kindern der Zugang zu Spielhandlungen verwehrt wird. Der Erwerb von Zugangsstrategien zur Peerinteraktion stellt im Vorschulalter daher eine große Herausforderung für Kinder dar und erfordert komplexe Strategien, um den Widerstand der Peers überwinden zu können, da sie bei ihren Versuchen vielfach und wiederholt auf Ablehnung stoßen (Corsaro 2011). Als effektive Verhaltensweisen werden in diesem Zusammenhang vor allem indirekte Strategien hervorgehoben, mit denen sich Kinder zunächst aus der Distanz einen Überblick über die Situation und das Spielmotiv verschaffen, um dann zu signalisieren, dass man mitspielen kann, ohne das Spiel der anderen zu stören.

Der Erwerb dieser komplexen Zugangstrategien ist für Kinder nur dann möglich, wenn sie durch ihren eigenen Einsatz und nicht dank des Eingreifens eines Erwachsenen in eine Gruppe aufgenommen werden.

Da aufgrund bisheriger Forschungsergebnisse davon ausgegangen werden kann, dass das Beherrschen grundlegender Kommunikationsstrategien ausschlaggebend ist für den Status und die Beliebtheit in der Peergroup, besteht die Gefahr, dass Kinder mit geringer Sprachkompetenz weniger Freunde und Spielpartner finden (Wilde 1996). Die fehlende Fähigkeit, in ein Gespräch mit Gleichaltrigen zu treten, es aufrechtzuerhalten oder auf Gesprächseröffnungen von Gleichaltrigen angemessen zu reagieren, kann zu einem völligen Ausschluss von Peerinteraktion führen. Betroffene Kinder entwickeln kompensatorische Bewältigungsstrategien, indem sie eine stärkere Abhängigkeit zu Erwachsenen zeigen oder eigene Dialogbeiträge stark verkürzen, da sie häufig signalisiert bekommen, dass sie nicht verstanden werden. In der Folge geraten diese Kinder in einen Kreislauf, der durch die Verfestigung eines negativen Selbstbildes und sozialen Rückzug geprägt ist.

Status in der Peergroup

Schon Kinder im Alter von drei Jahren zeigen für Entwicklungsunterschiede innerhalb der Peergroup eine hohe Sensitivität und suchen sich ihre Interaktionspartner in Abhängigkeit von deren sprachlichen und kommunikativen Fähigkeiten aus. Der Peerstatus nimmt also einen wesentlichen Stellenwert beim Zugang zu Interaktionsprozessen ein. Während ein Wechsel des Beliebtheitsstatus durchaus möglich ist, erweist sich der Status des Zurückgewiesenen dabei jedoch als besonders dauerhaft (Kreuzer 2011). Hier brauchen die Kinder die einfühlsame Unterstützung von kompetenten Erwachsenen.

Unterstützung durch Erwachsene

Im Umgang mit dem kindlichen Verlangen nach selbstbestimmter Interaktion kommt der pädagogischen Bezugsperson insbesondere bei Kindern, die aufgrund mangelnder sprachlicher Kompetenzen Schwierigkeiten haben, sich Zugang zu einer Spielsituation zu verschaffen, eine anspruchsvolle Aufgabe zu: Während das Eingreifen eines Erwachsenen sich kurzfristig als eine erfolgreiche Strategie erweisen kann, wenn aufgrund neuer Rollenzuweisungen neue Spielpartner in die Spielgruppe einbezogen werden können, zeigen die Beobachtungen Corsaros (2011) jedoch, dass in vielen Fällen die von außen forcierte Aufnahme eines neuen Gruppenmitglieds zum Zusammenbruch des Spielmotivs und zur Auflösung der ursprünglichen Gruppe führen kann. Corsaro stellt daher ein zurückhaltendes Verhalten der frühpädagogischen Fachkräfte als hilfreich im Umgang mit der Problematik des Zugangs zu Spielprozessen heraus: Erst wenn deutlich wird, dass Kinder nicht in der Lage sind, untereinander einen Lösungsweg zu finden, greifen Erwachsene unterstützend ein. Dabei ermutigen die pädagogischen Fachkräfte zunächst die von der Interaktion ausgeschlossenen Kinder, sich mit der Peergroup auseinanderzusetzen, um eine Lösung herbeizuführen.

Wie diese Grundsätze ihre pädagogische Umsetzung finden, zeigt der Ausschnitt aus der Konzeption einer Krippe, die Kinder mit Behinderung aufnimmt.

Individuelle Beobachtung und Planung

Eine Erzieherin erläutert: „Schwerpunktmäßig arbeiten wir nach dem ‚ganzheitlichen' sowie ‚situationsorientierten' Ansatz.
Jedes Kind wird unter Berücksichtigung seiner Persönlichkeit, seiner Bedürfnisse, seines familiären Hintergrundes, seines Umfeldes, seines Entwicklungsstandes und seiner Stär-

ken und auch Schwächen gesehen. Dies sind Grundlagen für die Wahrnehmung des Kindes durch die Erwachsenen und den individuellen Umgang mit ihm.
Wir geben den Kindern die Möglichkeit, sich und ihre Umwelt mit allen Sinnen zu erfahren und zu begreifen. Durch eine stetige Beobachtung und den Austausch mit den Kindern in den verschiedenen Situationen im Kinderladenalltag (Freispiel, Rollenspiel, angeleitetes Spiel) versuchen wir soweit wie möglich die Kinder in ihren Bedürfnissen und Wünschen ‚abzuholen', zu begleiten und zu unterstützen. Beispiele hierfür könnten emotionale Höhen und Tiefen sein sowie aktuelle Ereignisse in der Gruppe und zu Hause, wie Umzug, Unfall, Geburt eines Geschwisterkindes, neue Kinder in der Gruppe.
Wir geben den Kindern Anregungen und Hilfestellung zum eigenständigen Handeln. Darüber hinaus ist es uns wichtig, den Kindern themenübergreifende, strukturierte Aktivitäten und Angebote anzubieten (z.B. Spiel- und Singkreise, Bewegungsangebote, Projekte, wiederkehrende jahreszeitliche Ereignisse und Feste).
Freispiel bedeutet, dass die Kinder selbst entscheiden, was sie spielen möchten. Sie folgen dabei der eigenen Fantasie, den eigenen Bedürfnissen und Vorstellungen und regen sich dabei gegenseitig an. Im Freispiel stellen die Kinder eigenes Können dar und verarbeiten ihre Erlebnisse und Erfahrungen. Das Freispiel fördert die Vertiefung und Verarbeitung dieser Erfahrungen, wie z.B. im Rollenspiel Kinder das Verhalten ihrer Eltern nachspielen.
Wichtig ist, dass die Kinder im Freispiel ihren Einfällen und Ideen nachgehen können, ohne dass die pädagogische Fachkraft in das Spielgeschehen eingreift. Für uns Erwachsene bietet das Freispiel die Möglichkeit, die Kinder zu beobachten. Nur durch Beobachtung und den späteren Austausch darüber können wir die Situation der einzelnen Kinder und der Gesamtgruppe einschätzen. Somit erhalten wir wichtige Informationen für unsere inhaltliche Arbeit."

Brücke zum Spiel

Frühpädagogische Fachkräfte können für das Kind eine wichtige Brücke zur Sprache bieten, indem sie kommunikativ herausfordernde Kontexte herstellen, eine an die Entwicklung des Kindes angepasste Sprache verwenden und spezifische Techniken einsetzen, um das Kind bei sprachlichen Äußerungen zu unterstützen. Insbesondere Kinder im Krippenalter sind auf eine solch unterstützende Umwelt angewiesen, um Sprache als Kommunikationswerkzeug nutzen und in das gemeinsame Spiel mit Gleichaltrigen eintreten zu können.

Bevor Kindern der Wechsel der Realitätsebene in komplexen Rollenspielen gelingen kann, sind sie dabei auf kompetente Sprecher angewiesen, die einen gemeinsamen Gegenstandsbezug herstellen und verlässliche Situationen, wie zum Beispiel den Morgenkreis, etablieren (Oerter 1999). Während das Kind zunächst durch seine Eltern in handlungsbegleitenden kommunikativen Sprechakten mittels stützender, rahmenbildender Strategien (z.B. handlungsbegleitendes Sprechen beim Wickeln) an seine Muttersprache herangeführt wird, übernimmt die pädagogische Bezugsperson mit dem Eintritt des Kindes in die Krippe diese Funktion.

Die erweiternden Äußerungen des Erwachsenen und dessen adäquater Rückbezug auf die Sprache des Kindes nehmen dabei die ausschlaggebende Rolle für die auf den gemeinsamen Gegenstand bezogene Kommunikation ein.

kindgerichtete Sprache

Die intuitiv richtige Anpassung der eigenen Sprache an die Voraussetzung des Kindes wird als kindgerichtete Sprache bezeichnet. Grimm (2003) stellt spezifische Sprachlehrstrategien zusammen, die auch von kompetenten frühpädagogischen Fachkräften eingesetzt werden:

- lange Äußerungen,
- hohe Anzahl von Hauptwörtern pro Äußerung,
- Ja- / Nein-Fragen,
- W-Fragen,
- Wiederholung der kindlichen Äußerung oder Teiläußerung,
- Wiederholung mit inhaltlicher Erweiterung,
- Wiederholung der Äußerung mit Korrektur,
- Wiederholung mit alternativen Äußerungsmöglichkeiten.

Damit in diesen sprachlehrenden Dialogsequenzen Sprache erworben werden kann, ist es von Bedeutung, zu berücksichtigen, dass nur solche sprachlichen Äußerungen von Kindern verarbeitet werden, denen im interaktiven Austausch erkennbare Relevanz für das Kind zukommt (Grimm 2003). Grundlage der Interaktion zwischen Kind und pädagogischer Bezugsperson ist daher eine stabile Beziehung, die durch Akzeptanz, Offenheit und aufrichtiges Interesse am Kind bestimmt ist, da Kinder nicht von Personen lernen, die sie ablehnen oder nicht verstehen (Dannenbauer 2002).

Unterstützung im Gespräch

Auch im Gespräch finden sich Möglichkeiten, wie frühpädagogische Fachkräfte das kommunikative Verhalten der Kinder unterstützen können. In Anlehnung an Ritterfeld (2000) können diese Strategien wie folgt zusammengefasst werden:

- *Widerspruchsprovokation:* Der Erwachsene benennt einen Gegenstand absichtlich falsch und geht davon aus, dass das Kind diesen Fehler korrigieren kann.
- *Horizontale und vertikale Monolog- und Dialogstruktur:* Eine Aneinanderreihung von unverbundenen Sätzen hat ein geringeres Anregungspotential als richtige Gespräche. Das Gespräch zeichnet sich durch eine vertikale Struktur aus, die sich im Beibehalten des Themas über einen Zeitraum hinweg abbildet und im Verlauf des Gesprächs zunehmend an inhaltlicher Differenzierung gewinnt. Beim vertikalen Monolog nimmt die Erwachsenensprache zwar eine datenliefernde Funktion ein, jedoch zeichnet er sich nicht durch eine interaktive Qualität aus. Eine horizontale Monologstruktur hat darüber hinaus den Nachteil, dass sie keine differenzierten Sachverhalte schildert und damit nur eine reduzierte sprachanregende Funktion besitzt.

Der Dialog ist dem Monolog aufgrund der hohen Interaktivität überlegen, zudem wird auch hier einer vertikalen Struktur die sprachförderlichere Rolle als der horizontalen Struktur beigemessen. So kann sich auch das Bilderbuchlesen in seiner Qualität unterscheiden, wenn beispielsweise nur Bilder benannt werden, ohne dass erläuternde Hintergründe und Sachverhalte geschildert werden.

unterstützte Kommunikation

Wenn Kinder aufgrund einer Beeinträchtigung nicht zur sprachlichen Kommunikation in der Lage sind, muss auf den Einsatz von alternativen Kommunikationsmöglichkeiten zurückgegriffen werden. Unter diese Hilfsmittel fallen (Opitz 2002):

- körpereigene Kommunikationsformen wie Gesten, Gebärden, Blickverhalten, Mimik und Körperhaltung;
- externe Kommunikationsformen wie konkrete Objekte, Bilder, Symbole und Wörter;
- nicht elektronische externe Hilfen in Form von Kommunikationskästen, Bildtafeln oder Büchern.
- Elektronische externe Hilfen gibt es mit synthetischer Sprechstimme oder in natürlicher Sprachausgabe (‚Talker'). Beide können mit Bildern, Symbolen oder Buchstaben bedient werden. So können solche Hilfen auf die individuellen Bedürfnisse und Anforderungen abgestimmt und ausgewählt werden.

Sehr eindrucksvoll schildert die Mutter von Meta die Entwicklungsschritte, die ihre Tochter mithilfe der Kommunikationshilfen macht. Meta verbrachte den Aussagen zufolge die ersten Lebenswochen auf der Frühchenstation. Ihr Schreien unterschied sich schon damals von anderen Kindern, eine genaue Diagnose wurde aber erst Jahre später gestellt. Damit einher ging die Erkenntnis, dass Meta nicht zur sprachlichen Kommunikation fähig sein würde. Die hier stark gekürzte Darstellung findet sich in der Originalfassung unter www.metakommuniziert.de.

Kommunikationshilfen

Eine Mutter berichtet: „Als Meta knapp drei Jahre alt war, begann sie auf Dinge zu zeigen, sie gab nicht eher Ruhe, bis wir sie benannten. Es war ein bedeutender Schritt, und schon bald darauf konnte sie zwischen einem Fruchtzwerg und einer Milchschnitte wählen, indem sie darauf zeigte. Jetzt merkte sie sich auch, wo ich die geliebten Cornflakes abstellte, sie zeigte schreiend in diese Richtung, bis ich ihr das Gewünschte holte.
Kurz nach ihrem 4. Geburtstag lernte Meta laufen, und ein dreiviertel Jahr später etwa begann sie, uns an der Hand dahin zu ziehen, wo sie etwas begehrte. Bekam sie ein Knusperbrot, ging sie damit zum Kühlschrank und klopfte daran, wir sollten ihr einen Fruchtzwerg rausholen und ihr Brot darin tunken. Oder sie holte eine Banane, zermatschte sie aber nicht wie bisher, sondern brachte sie mir zum Schälen und Füttern. Sie hatte auch gelernt, mit Bigmacks (besprechbare Riesentasten mit Widergabefunktion) Wünsche zu äußern.
Weil Meta mit fünf Jahren inzwischen ihre beiden Bigmacks gezielt anwählen konnte, bekam sie einen Talker (Sprachausgabegerät). Als Meta gerade sechs Jahre alt geworden war, entdeckte sie für sich die ersten zwei Gebärden. Dafür allerdings ließ Meta den Talker links liegen.
Ein halbes Jahr später begann sich Meta plötzlich für Bilder, Bilderbücher und Bildkarten zu begeistern. Überraschend leicht fiel es ihr auf einmal, durch Bildkarten Wünsche zu äußern und aufgefordert passende Karten zu holen. Ihre Reaktion auf Sprache wurde viel besser, Meta lernte für „Ja" zu nicken, bald unterstrich sie mit dem Nicken auch Forderungen an uns, dabei zeigte sie parallel auf das Gewünschte. Es war wohl einer ihrer bis dahin größten Entwicklungssprünge überhaupt!
Mit gut sieben Jahren wurde Meta eingeschult. Sie machte weiterhin bedeutende Fortschritte, nun vor allem im Spiel- und Lernverhalten. Meta entwickelte Freude an speziell für sie erstellten oder ausgesuchten Lernspielen, in denen etwas zu stapeln oder nach Form und Farbe zuzuordnen war. Immer gleiche, durch Bilder und Bildkarten nachvollziehbar gemachte Abläufe schienen sie nun besonders zu motivieren, ‚etwas zu leisten'.

Kurz nach dem 8. Geburtstag entdeckte Meta den Talker neu, er wurde zu ihrem liebsten Kommunikationsmittel. Parallel begann Meta immer mehr zu lautieren, zwar nicht mit neuen Lauten, aber dafür häufiger: mämä, ämä, mama. Wir begannen mit der Methode Meta Ganzwort-Lesen zu üben. Einer Bild-Wort-Karte soll dabei die passende Wortkarte zugeordnet werden. Wir wählten dafür für Meta bedeutsame Worte aus: Oma, Pingu, Nono. Die Oma-Karte gefiel ihr besonders, und dann sagte Meta plötzlich ‚Oma', als sie die Karte sah."

Im Beispiel wird sehr deutlich, welche Bedeutung die jeweils an die Entwicklung angepassten Hilfsmittel für Meta hatten. Die Auswahl der Kommunikationshilfen sollte sich also einerseits an den kognitiven Fähigkeiten und den kommunikativen Bedürfnissen eines Kindes orientieren, andererseits ist der Einsatz der Hilfsmittel aber natürlich auch von den motorischen Kompetenzen abhängig. Fachkräften in Krippen und Kindergärten ist es möglich, über das Verhalten des Kindes Rückschlüsse auf den Entwicklungsstand des Kindes zu machen und angemessene Unterstützungsangebote zu schaffen. Die zu Hause eingesetzten Kommunikationsmittel sollten auch in der Kindertageseinrichtung zum selbstverständlichen Bestandteil der Arbeit werden. Damit kann auch verhindert werden, dass aufgrund fehlender Fähigkeiten, sich mit Sprache mitzuteilen, auf geringe kognitive Kompetenzen bei den Kindern geschlossen wird, damit ihnen Anregungen nicht verwehrt werden.

gebärdenunterstützte Kommunikation

Mithilfe der von Etta Wilken (2010) entwickelten gebärdenunterstützten Kommunikation (GuK) können Kinder schon in einem sehr jungen Alter oder auch Kinder mit Behinderung einen Weg zur Sprache finden. Über den begleitenden Einsatz von Gebärden wird die Verständigung erleichtert, das Sprechen wird also mit den Gebärden unterstützt und nicht ersetzt. Dabei werden die Gebärden auf die für die Aussage relevanten Begriffe begrenzt. Kindern wird es somit ermöglicht, sich außerhalb der Sprache zu verständigen. Dies hat zur Folge, dass die Gebärden zu einer wichtigen Einstiegshilfe für den lautsprachlichen Spracherwerb werden können.

In Kindertageseinrichtungen lassen sich die Gebärden spielerisch einführen, indem sie in die üblichen Sing- und Fingerspiele integriert werden. Wenn auch die Kinder ohne Beeinträchtigung diese Form der Kommunikation erlernen, ist dies ein wichtiger Baustein für die soziale Integration eines Kindes, dem es noch nicht möglich ist, über die gesprochene Sprache in Interaktion mit Gleichaltrigen zu treten.

4.2 Individuelle Entwicklungsplanung

In der heilpädagogischen Arbeit spielen Verfahren zur Begleitung von Entwicklungs- und Förderprozessen eine große Rolle. In den Individuellen Entwicklungsplänen (IEP) sollen Ziele formuliert werden, die innerhalb einer bestimmten Zeit beim Kind erreicht werden sollen. Eng verbunden damit ist eine Analyse der kindlichen Voraussetzungen unter Einbeziehung seiner Umwelt. Dabei sollten vorschnelle Zuschreibungen aufgrund eines bestimmten Merkmals oder Defizits vermieden und das Kind mit seinen individuellen Voraussetzungen in den Fokus genommen werden. Ein individueller Entwicklungsplan kann dabei einen Rahmen vorgeben, der die Planung und Fortschreibung von Bildungszielen strukturiert.

Bei der Aufnahme eines Kindes mit Behinderung in der Krippe geht es darum, wichtige Informationen zu sammeln und dabei in den engen Austausch mit der Familie zu treten (→ Kap. 5). Bei der Informationssammlung sollte sich die pädagogische Fachkraft von bereits verfassten Entwicklungsberichten nicht in der Art beeinflussen lassen, dass die eigene Perspektive auf das Kind eingeengt wird. Im folgenden Beispiel wird diese Gefahr deutlich gemacht, allerdings ist eine fachliche Vorbereitung wichtig, um Unsicherheiten im Umgang mit dem Kind zu vermeiden. Kompetenten Fachkräften wird es dabei sicherlich gelingen, die Darstellungen aus Berichten von der eigenen Perspektive auf das Kind abzugrenzen.

Aufgabe der heilpädagogischen Fachkraft

Eine Heilpädagogin schildert: „Also mir ist eigentlich erst mal wichtig, dass ich gar nicht soviel an Informationen über die Kinder lese. Natürlich muss ich wissen, ob ich bei dem Kind etwas Besonderes beachten muss. Im letzten Jahr haben wir ein Kind mit epileptischen Anfällen aufgenommen. Sicherlich muss ich wissen, was ich bei einem Anfall zu tun habe und welche Medikamente ich im Notfall gebe.

Aber wenn wir das Kind kennenlernen, versuchen wir eigentlich, es wirklich kennenzulernen. So wie man ein Kind oder einen Menschen trifft, den man noch nicht kennt. Sich irgendwie einander vorzustellen und sich zu zeigen, um dem

Kind näherzukommen. Dann zu beobachten, was es braucht und was es besonders interessiert. Welche Menschen hier in der Krippe könnten für ihn wichtig sein. Viele Informationen über Diagnosen sind da oft nicht hilfreich, um dem Kind wirklich zu begegnen, finde ich. Zumal, wenn wir auch wirklich zwei bis drei Jahre Zeit haben, dann nehmen wir uns lieber die Zeit, um uns ein eigenes Bild zu machen.
Also wenn wir wissen, dass zum Beispiel ein Kind mit einem bestimmten Behinderungsbild kommt, dann ist das schon was, worüber ich mich vorher informiere. Irgendwo, im Internet recherchieren, in Büchern nachschlagen oder einen Artikel heraussuchen, sodass man mal eine Idee bekommt. Aber ansonsten ist eigentlich dieser Moment, in dem man zusammentrifft, der wichtigste Punkt. Wo es ein bisschen anders ist, wo wir immer ein bisschen mehr investieren, das ist bei den Eltern von Kindern mit Behinderung. Da muss es schon deutlich sein, dass sie einen verlässlichen Ansprechpartner haben, eben eine von uns beiden Heilpädagoginnen. Und da sind wir ziemlich häufig im Gespräch. Da reden wir über unsere gemeinsamen Ziele."

In ihrer Studie zur Wirksamkeit unterschiedlicher Betreuungsformen von Kindern mit Behinderung in der institutionalisierten Kindertagesbetreuung arbeiten Kron und Papke (2006) heraus, dass die individuelle Förderplanung als heilpädagogisches Instrument nahezu bei allen Kindern mit Behinderung unabhängig von der Einrichtungsform eingesetzt wird. Darüber hinaus wird in einer Vielzahl von Einrichtungen auch die Entwicklung der Kinder ohne Behinderung mithilfe von individuellen Entwicklungsplänen dokumentiert. In einer inklusiven Einrichtung müsste dies zum Standard der frühpädagogischen Arbeit werden.

Förderplan als Kostennachweis?

Gegenüber Kostenträgern dient der Bericht der heilpädagogischen Fachkraft als Grundlage für die Zuweisung von Unterstützungsmaßnahmen, wie zum Beispiel den heilpädagogischen Stunden in der Krippe oder dem Kindergarten, die dem Kind aufgrund seiner Beeinträchtigung gewährt werden. Der Stundensatz berechnet sich also am Unterstützungsbedarf des Kindes, der von der heilpädagogischen Fachkraft dokumentiert werden muss.

Während sich in den letzten Jahren das Umdenken in der pädagogischen Diagnostik und Förderung weg von einer defizitorientierten Sicht hin zu einer Berücksichtigung der Stärken eines Kindes durchgesetzt hat, führt dies im Rahmen von Kostenzuweisungen aber zu einem Dilemma. Ein Entwicklungsplan muss demnach deutlich auf die Defizite eines Kindes verweisen, damit der Kostenträger die nötigen Unterstützungsmaßnahmen anerkennt. Dies ist weder fachlich vertretbar noch denkbar für ein inklusives Bildungssystem, welches auf Kategorisierungen und Unterscheidungen verzichtet.

In Gesprächen mit Einrichtungen wurde deutlich, dass aus dem dargestellten Dilemma heraus derzeit sowohl defizitorientierte Entwicklungsberichte für die Legitimation beim Kostenträger als auch interessen- und stärkenbasierte Bildungsdokumentationen (→ Kap. 4.3) für die Zusammenarbeit mit der Familie (→ Kap. 5) geschrieben werden.

Unter der Zielperspektive der UN-Behindertenrechtskonvention besteht in diesem Zusammenhang jedoch noch deutlicher Handlungsbedarf in der Abstimmung von Leistungserbringern und Kostenträgern.

Nutzen von Förderplänen

So verschieden die in den letzten Jahren favorisierten Verfahren sind und so wahrscheinlich davon auszugehen ist, dass diese auch einen Beitrag zur Professionalisierung der frühpädagogischen Fachkräfte leisten, so unsicher ist auch, welche Verfahren zu einer effektiven individuellen Unterstützung von Bildungsprozessen und zur Herstellung von Chancengleichheit in Bildungsinstitutionen beitragen. Dabei gehen Verfahren zur prozessorientierten, begleitenden Dokumentation der kindlichen Entwicklung im Gegensatz zu kompetenzbezogenen Screenings und Feststellungsverfahren wie dargestellt von einer Philosophie aus, die ressourcenorientiert ist und das kompetente Kind in den Mittelpunkt stellt.

Individuelle Entwicklungspläne legen einen Schwerpunkt darauf, den pädagogischen Kontext so zu gestalten, dass auf Basis der Beobachtungen und Dokumentationen eine optimale Umgebung geschaffen wird, die an das einzelne Kind entsprechend seiner Ressourcen und Lernvoraussetzungen angepasst werden kann (Leu et al. 2007). Nachweise über den Nutzen von Individuellen Entwicklungsplänen oder den Auswirkungen auf pädagogische Prozesse stehen für den deutschsprachigen Raum jedoch noch aus.

Was ist ein IEP?

Das aus den USA adaptierte Verfahren des IEP geht auf die Umsetzung des Gesetzes zur Förderung von Kindern mit einer Behinderung, Individuals with Disabilities Education Act (IDEA), zurück und wird im englischsprachigen Raum als Individualized Education Plan (USA) bzw. Individual Education Plan (England, Kanada) zur Sicherung der Bildung und Erziehung von Kindern verfasst (Lewis 2005). Der Kern der Förderplanung liegt in der Festsetzung klarer und konkreter Lernziele und der Verwendung der Ergebnisse als Grundlage für die Planung künftiger Lernerfahrungen für alle Kinder. Feyerer (2009) legt eine Bestandsaufnahme der Situation in Österreich vor, auf deren Grundlage er Standards für die Praxis formuliert. Für die Krippe könnten diese Standards auch die wichtige Phase der Eingewöhnung beinhalten.

Eingewöhnung

Eine Heilpädagogin berichtet: „In der Eingewöhnungszeit haben wir unsere Dienstzeit so gelegt, dass wir wirklich auch alle vormittags in dieser Kernzeit, in der die Kinder anfangs anwesend sind, da sind. Damit sie wirklich denjenigen auswählen können, den sie mögen. Und dann ist es auch wirklich wichtig, Vertrauen aufzubauen. Also die Abschiede von den Eltern zu begleiten, ja dass man einfach in Beziehung geht, damit die Kinder sicher sind, dass sie sich darauf verlassen können. Wenn es heißt, die Mama kommt in einer halben Stunde wieder, dass das auch stimmt. Ich meine, Kinder mit besonderem Förderbedarf verstehen oft diese Zeiteinheiten ja nicht oder solche Ankündigungen. Und dann ist es umso wichtiger, ganz nah dran zu sein und Beziehung herzustellen. Und dann gucken wir natürlich, was fasst das Kind an, wo geht es hin, was ist das Thema? Einräumen, ausräumen oder die Gegend erkunden? Jedes Kind hat da so seine eigenen Wege, sich mit den Begebenheiten vertraut zu machen, und wir dokumentieren das und nutzen es für die Reflexion."

Eine umfassende Sammlung an Beispielen und Erläuterungen zu individuellen Entwicklungsplänen findet sich unter www.nibis.de/~infosos.

Einbeziehung der Familie

Im Unterschied zu skandinavischen Ländern, sowie den USA und Kanada erhält die Einbindung der Eltern und der Schüler in die Förderplanung in Deutschland und Österreich einen vergleichsweise geringen Stellenwert. In der Folge reduziert sich die in den anderen Ländern als zentral beschriebene Prozess- und Reflexionsorientierung des Verfahrens. Die Bedeutung der Einbeziehung von Eltern und Kind wird im internationalen Kontext jedoch nachdrücklich betont (Goepel 2009): Die ganze Familie sollte in die Entscheidungen rund um die Feststellung der kindlichen Bedürfnisse einbezogen werden.

Ganz besonders wichtig ist dabei, auch das Kind selbst nach seinen Wünschen und Zielen zu befragen, da es über ein einzigartiges Wissen über sich selbst und seine Bedürfnisse verfügt. Ein Zusammenhang zwischen dem Bildungserfolg und der Übereinstimmung der Zielsetzungen von frühpädagogischen Fachkräften kann nur hergestellt werden, wenn all diese Perspektiven bei der Förderplanung einbezogen werden. Dies erhält insofern Bedeutung, als die Erwartungshaltungen von Eltern und Kindern gegenüber der Formulierung individueller Entwicklungspläne durch die Bildungsinstitution deutlich negativ besetzt sind, was zu einem Verlust an Effektivität im Förderprozess führt (Konrad 2008). Die Wahrnehmung der Eltern bezogen auf die Nachvollziehbarkeit des Förderprozesses hängt davon ab, inwieweit sie in den Ablauf eingebunden sind. In der pädagogischen Praxis werden solche Zielsetzungen im Rahmen des IEP-Prozesses nur selten erfüllt, obwohl auch Kinder mit Behinderung zur selbstbestimmten Planung von schulischen Zielen in der Lage sind.

Die Kritik von Boban und Hinz (2003) zielt im Zusammenhang mit Förder- und Entwicklungsplänen darauf, dass ein Förderbegriff als kontraproduktiv bezeichnet werden muss, der die pädagogische Fachkraft als aktiven und das Kind als passiven zu fördernden Teil betrachtet. Sie betonen vielmehr die Bedeutsamkeit von Verfahren, die den Kindern und Jugendlichen und ihren Familien Selbstbestimmung und Partizipation bei der Planung von Lern- und Entwicklungszielen ermöglichen.

Aufgabe der heilpädagogischen Fachkraft

In integrativ arbeitenden Krippen und Kindergärten geht das Selbstverständnis der heilpädagogischen Fachkräfte weg von einer kindzentrierten Förderung in dafür vorgesehenen Extraräumen hin zu einer Unterstützung des Kindes in seinem Alltag. Aufgabe der Heilpädagogin ist es dabei, den Rahmen und die Bedingungen für eine geeignete Lernumgebung zu schaffen. Im gemeinsamen Spiel begleiten und unterstützen die heilpädagogischen Fachkräfte alle Kinder. Sie vermitteln, moderieren und initiieren Situationen, in denen Kinder miteinander spielen. Ein gutes Beispiel bietet die Aussage einer Heilpädagogin, in der sie die Bedeutung des gemeinsamen Spielens schildert.

Raum und Zeit für Entwicklung

„Ich glaube schon auch, dass wir relativ aufmerksam gucken und inzwischen auch einen Blick dafür haben, welches Kind was gut gebrauchen kann. Das ist sicherlich auch eine Aufgabe der Heilpädagogen, aber letztendlich tun müssen es die Kinder ja immer selber. Ich habe auch die Erfahrung gemacht, dass die Kinder gerade das, was für sie gerade ansteht, dann auch in der Gruppe üben. Zum Beispiel haben wir häufig die Situation, dass die Kinder eben noch in der Grobmotorik so aktiv sind und sich ganz selten nur auf feinmotorische Angebote einlassen. Und ich finde es auch gut, wenn man dem auch erst mal lange nachgibt. Wenn man dann genauer guckt, stellt man auch fest, dass da auch noch soviel Potenzial ist. Dann kann zu einem späteren Zeitpunkt der nächste Entwicklungsschritt auch erfolgen, wenn er an der Reihe ist. Also ich würde mir wünschen, da wäre einfach ein bisschen mehr Ruhe drin. Ein bisschen mehr das Gefühl, dass das Kind jetzt erst mal eine Weile so weitermachen kann und wir beobachten und dokumentieren einfach. Wobei wir auch nicht alle Angebote freiwillig anbieten, wir haben auch immer Ziele, wo wir sagen, dass wir daran arbeiten wollen. Wir versuchen dann beim Kind herauszubekommen, in welchem Rahmen es eine Unterstützung zulässt. Vielleicht möchte es Dinge auch lieber alleine ausprobieren, während die anderen Kinder nicht gucken, oder es möchte gerade lieber von einer Freundin unterstützt werden. Ja aber letztendlich wissen die Kinder oft so genau, was sie brauchen, das finde ich einfach gigantisch. Klasse."

4.3 Beobachtungs- und Dokumentationsverfahren

Im Unterschied zu den individuellen Entwicklungsplänen, die ihre Ursprünge in der Heil- und Sonderpädagogik haben, nimmt die Beobachtung und Dokumentation von Bildungsprozessen einen hohen Stellenwert in der Frühpädagogik ein. In frühpädagogischen Bildungsplänen werden die Ziele von stärkenorientierten Verfahren zur Beobachtung und Dokumentation von Bildungsprozessen zusammengefasst. Die Verfahren

- sollen es den Fachkräften erleichtern, die Perspektive des Kindes, sein Verhalten und Erleben besser zu verstehen;
- sollen Einblick geben in die Entwicklung und das Lernen des Kindes und über seine Fähigkeiten und Neigungen und den Verlauf von Entwicklungs- und Bildungsprozessen informieren;
- sollen die gezielte Reflexion und Ausgestaltung pädagogischer Angebote und pädagogischer Interaktionen und Beziehungen unterstützen, bezogen auf das einzelne Kind und bezogen auf die Gruppe;

- sollen Basis sein für den fachlichen Austausch und die Zusammenarbeit zwischen den Fachkräften in der Einrichtung und die Kooperation mit dem Einrichtungsträger; sollen eine am Befinden und der Entwicklung von Kindern orientierte Qualitätsentwicklung innerhalb der Einrichtung ermöglichen;
- sollen eine fundierte Grundlage bilden, um Eltern kompetent zu informieren und zu beraten;
- sollen die Kooperation mit Fachdiensten und Schulen und die Darstellung der pädagogischen Arbeit nach außen erleichtern.

Die Beobachtung und Dokumentation der pädagogischen Arbeit ist ein zentraler Punkt der Erfüllung des elementarpädagogischen Bildungsauftrags geworden und gehört mittlerweile zum Handlungsrepertoire jeder Fachkraft in Kindertageseinrichtungen. So sind die Erzieherinnen mit verschiedenen Formen der Beobachtung und Dokumentation vertraut und sehen dies zunehmend als Teil ihres professionellen Handelns (Lueger 2005).

Beobachtung in der pädagogischen Praxis

In der pädagogischen Praxis bezieht sich Beobachtung in der Regel auf einen konkreten Fall. Die Beobachtung von bestimmten Situationen oder Verhaltensweisen wird als Grundlage für die Formulierung von Handlungszielen genutzt. Frühpädagogische Fachkräfte sollen den Entwicklungsstand einzelner Kinder beurteilen, entsprechende individuelle und gruppenspezifische Maßnahmen ergreifen können und diese fundiert und differenziert reflektieren. Bei der Beobachtung in Kindertageseinrichtungen geht es dabei primär um die Gewinnung detaillierter Informationen zum Spiel-, Lern- und Sozialverhalten, zur körperlichen, psychischen und kognitiven Entwicklung des Kindes, sowie um auffälliges Verhalten, auf deren Grundlage entsprechende Handlungsperspektiven aufgezeigt werden sollen.

Auf diesem Hintergrund soll das methodisch kontrollierte, auf bestimmten Verfahren zu Beobachtung und Dokumentation beruhende, Verstehen unter Berücksichtigung sozialer und individueller Faktoren der Wahrnehmung eine zentrale Rolle einnehmen. Die Fachkraft steht damit vor der komplexen Aufgabe, das Bedingungsgefüge und die Funktionszusammenhänge der in der Kindertageseinrichtung zusammentreffenden Individuen, deren Handlungssysteme sich zum Beispiel im Hinblick auf die Dimensionen Alter, Geschlecht, Ethnie, sozioökonomischer Hintergrund etc. unterscheiden, zu berücksichtigen sowie deren Rückwirkungen auf die Individuen und die Gruppe wahrzunehmen. Beobachtung und Dokumentation kann damit als eine, wenn nicht die zentrale Basiskompetenz von frühpädagogischen Fachkräften in inklusiven Kindertageseinrichtungen gesehen werden.

Schwierigkeiten bei der Beobachtung

Da frühpädagogische Fachkräfte ein wichtiger Teil der Lebenswelt der Kinder sind, fällt ihnen zunächst der Zugang zum Feld leicht, in dem sie beobachten wollen. Durch die grundlegenden Unterschiede in den Lebenswelten der Kinder und Fachkräfte besteht hierin jedoch auch eine schwierige Aufgabe. Nur über Befragung, Beobachtung, Reflexion und Auseinandersetzung kann zugänglich gemacht werden, wie die Kinder selbst ihre Lebenswelt erleben und verarbeiten.

Mit der Umsetzung der Beobachtung als unverzichtbarer Grundkompetenz in der pädagogischen Arbeit (Thiesen 2003) werden Grenzen erkennbar, die sich in der Deutung des Beobachteten zeigen: Um pädagogische Konsequenzen aus der Beobachtung und deren Dokumentation ableiten zu können, muss die pädagogische Fachkraft zwischen der Beschreibung des beobachteten Verhaltens und seiner Deutung klar differenzieren können. Die Schwierigkeit liegt jedoch gerade darin, dass das kindliche Verhalten im Kontext erfasst wird, aus dem der beobachtete Verhaltensaspekt erst hervorgeht. Wenn ich also ein Kind aufgrund seines auffälligen Verhaltens beobachte, muss ich mir über meine eigene Rolle im Klaren sein: Bin ich es vielleicht gerade, die das schwierige Verhalten beeinflusst oder sogar hervorruft?

Die Komplexität der kindlichen Interaktion entzieht sich zum großen Teil der Beobachtung der pädagogischen Bezugsperson, wenn diese nicht systematisiert wird. Die Wahrnehmung fokussiert sich durch räumliche und zeitliche Einschränkungen und ist geprägt von Empfindungen und internalisierten, teils unreflektierten Vorannahmen.

Dadurch, dass die frühpädagogische Fachkraft in der Regel selbst ein wichtiger Teil der zu beobachtenden Interaktion ist, ist der Kern des pädagogischen Geschehens nur sehr eingeschränkt einsichtig (Reiser 1999). Um eine Annäherung an die soziale Wirklichkeit erreichen zu können, muss der Beobachter daher verschiedene Perspektiven einnehmen, um auf der Grundlage verschiedener Beobachterpositionen plausible Hypothesen entwickeln zu können, wie das Kind sich und seine Umwelt sieht.

Arbeitsschritte bei der Beobachtung

Für die Beobachtung in pädagogischen Kontexten schlägt Reiser (1999) vier konkrete Arbeitsschritte vor, um die Fremdbeobachtung im Prozess der Selbstbeobachtung stetig zu reflektieren und zuverlässige, verwertbare Antworten auf

Fragestellungen sowie Annäherungen für eine Intervention geben zu können:

- Beschreibung der Beziehung zu dem Kind/Jugendlichen,
- emotionale Beteiligung (Selbstreflexion und Supervision),
- Analyse der Kontexte (pädagogischer Kontext / Lebensumwelt und Lebensgeschichte),
- Bildung von Hypothesen: Zusammenfassung der Beobachtungen, Modifizierung von Hypothesen, Einfälle für pädagogisches Handeln.

Neben der Möglichkeit, die Beobachtungen nach einem eigenen Leitfaden oder Fragenkatalog zu strukturieren, gibt es eine Reihe an Beobachtungsbögen, die mit vorgegebenen Kategorien arbeiten. Ein für die Sprachentwicklung von Kindern mit Migrationshintergrund empfehlenswerter Beobachtungsbogen stellt zum Beispiel der von Ulich/Mayr (2003) entwickelte Sismik-Bogen dar. Sismik deckt die Alters- und Entwicklungsspanne von ca. 3 1/2 Jahren bis zum Schuleintritt ab. Pädagogische Fachkräfte können demnach schon relativ früh beginnen, die Sprachentwicklung zu beobachten und im Prozess des Kindergartenbesuchs weiterzuführen. Für deutschsprachig aufgewachsene Kinder wird das Verfahren von den gleichen Autoren unter dem Namen Seldak zur Verfügung gestellt (www.ifp.bayern.de/materialien/beobachtungsboegen.html).

Das Verfahren „Grenzsteine der Entwicklung“ (Michaelis 2003) ist ein Beispiel für eine stark strukturierte Vorgehensweise bei der Beobachtung und Einschätzung der kindlichen Entwicklungsbereiche. Die Grenzsteine der Entwicklung nehmen in Krippen und Kindergärten eine Frühwarnfunktion für Auffälligkeiten im Entwicklungsverlauf der Kinder ein. Sie stellen kein Instrument zur Beurteilung des kindlichen Entwicklungsstandes dar, sondern erfassen die Kinder, die hinter der Entwicklung von mehr als 90% der Kinder des gleichen Alters zurückliegen. Sie sind also ein reines Instrument zur Erfassung von Entwicklungsrisiken und dienen als Grundlage bei der Beratung von Eltern, die bei Auffälligkeiten des Kindes in mehreren Entwicklungsbereichen einen Arzt aufsuchen sollten.

Bildungsdokumentation

Das Ergebnis der Beobachtung wird mit der Dokumentation festgehalten und als Ausgangspunkt für die pädagogische Handlungsplanung im Team gesichert. Neben den Notizen aus dem Beobachtungsprozess oder den Beobachtungsbögen sollten umfassende Dokumentationen auch weitere Informationen einbeziehen. Dazu können wie in einem Portfolio Zeichnungen, Bastelarbeiten und Fotos der Kinder sowie Berichte, Kommentare und Notizen gesammelt werden, um ein möglichst genaues Bild vom Kind, seinem Umfeld und seinen Interessen und Wünschen zeichnen zu können. Dabei geht die frühpädagogische Fachkraft stets nach dem Motto „Schatzsuche statt Fehlerfahndung“ vor, sucht also nach den Stärken des Kindes, um darauf aufbauend pädagogische Angebote zu strukturieren.

Wie auch bei der individuellen Förderplanung dargestellt, sollten Eltern unbedingt in diesen Prozess einbezogen werden. Ihnen sollte, ebenso wie den Kindern selbst, der Zugang zu den Bildungsdokumentationen in der Krippe und im Kindergarten gewährt werden. Portfolios können als gemeinsame Grundlage für Entwicklungsgespräche zwischen pädagogischen und therapeutischen Fachkräften werden. Sie bieten darüber hinaus einen wertvollen Baustein für die Kooperation zwischen Familie und Kindertageseinrichtung (→ Kap. 5).

Bildungs- und Lerngeschichten

Als ein Beispiel für den Einsatz stärkenorientierter Dokumentationsverfahren kann das von Margret Carr entwickelte und von Leu et al. (2007) adaptierte Verfahren der Bildungs- und Lerngeschichten genannt werden, das mittlerweile auch in einer Version für Kinder mit besonderen Bedürfnissen vorliegt. Bei den Lerngeschichten steht die Beobachtung von Handlungsweisen des Kindes in Alltagssituationen im Mittelpunkt. Als grundlegende Voraussetzung für kindliche Lern- und Bildungsprozesse benennt Carr fünf Arten von Lerndispositionen. Damit sind Lernstrategien beschrieben, die Kinder frühzeitig bei der Auseinandersetzung mit der Umwelt und deren Aneignung einsetzen. Diese Lerndispositionen sind im Einzelnen:

- Interesse zeigen, sich Dingen und Personen aufmerksam zuwenden;
- Bereitschaft und Fähigkeit, sich auf etwas einzulassen;
- auch bei Schwierigkeiten und Unsicherheiten eine Tätigkeit weiterführen;
- sich mit anderen austauschen, Ideen und Gefühle ausdrücken;
- Verantwortung übernehmen.

Die frühpädagogische Fachkraft sucht sich eine Situation im Alltag der Krippe oder des Kindergartens heraus und beobachtet diese etwa zehn Minuten. Sie dokumentiert dabei genau die Handlungen des Kindes. Dabei lenkt sie bewusst ihren Blick auf die Interessen und Stärken und versucht diese mit den Lerndispositionen in Verbindung zu bringen.

Solche Beobachtungen in zeitlichen Abständen und verschiedenen Situationen ergeben eine individuelle Lerngeschichte, die dem Kind dann später vorgelesen wird. Mit dem Verfahren können damit der Wissenserwerb und Entwicklungsschritte festgestellt und als Grundlage für Elterngespräche genutzt werden. Im folgenden Beispiel (Flämig 2008, 3f) findet man eine Lerngeschichte für ein Kind im Kindergartenalter.

Beispiel einer Lerngeschichte

„Liebe Lina,
in der letzten Zeit habe ich dich mehrfach beobachtet und aufgeschrieben, was du gemacht hast. Ich glaube, es interessiert dich sehr, zu beobachten, wie die anderen Kinder im Sand spielen. Du findest es aufregend, sie zu beobachten, und strengst dich sehr an, alles genau zu sehen. Einmal hast du ganz lange beobachtet, wie die Kinder Sandkuchen gebacken haben, und dich dann sehr gefreut, als sie fertig waren. Ein anderes Mal hast du zugeschaut, wie die anderen Kinder ein Planschbecken mit Wasser gefüllt haben. Nach einer Weile hast du dich getraut, deine Hand in das Wasser zu halten und mit den anderen Kindern zusammen Wasser zu spritzen. Da hast du nicht nur zugeschaut, sondern teilgenommen und mitgemacht, und ich habe mich darüber sehr gefreut. Neulich habe ich dann auch gesehen, wie du in den Sandkasten gestiegen bist und mit Fred zusammen Matsch in ein Sandförmchen gefüllt hast. Das hast du zum ersten Mal gemacht. Du hast den Sand richtig angefasst. Vorher hast du immer am Rand des Sandkastens gestanden und den Sand nicht so gern gemocht. Du hast gelernt, wie sich der Sand anfühlt und was man alles damit
tun kann. Ich glaube, gerade lernst du im Kindergarten, wie du es schaffst, die Dinge in die Hand zu nehmen und mitzumachen, wenn dich etwas interessiert.

Deine Jule“

5 Kooperation mit Familien

5.1 Ausgangslage der Familien

Elternschaft wird zunehmend als anspruchsvoller und weniger vereinbar mit anderen zentralen Lebensbereichen beschrieben. So entsteht im Zusammenspiel von strukturellen Gegebenheiten und subjektiven Motiven in Deutschland, Österreich und der Schweiz eine Kultur, die milieuspezifisch verschieden und vielfach auf Kinderlosigkeit ausgerichtet ist. In der Gesellschaft werden notwendige Rahmenbedingungen für eine Elternschaft offensichtlich nicht in ausreichendem Maße bereitgestellt.

gesellschaftlicher Wandel

Eltern leisten mit ihrer Erziehung einen unverzichtbaren Beitrag für die Entwicklung ihrer Kinder, sie stellen die wichtigste Erziehungs- und Bildungsinstanz dar. Die in der Familie erfahrenen Bindungen, Orientierung und Kompetenzen sind entscheidende Grundlagen für die Persönlichkeitsentwicklung und die Bildungschancen eines Kindes. Dabei sind Lebensumstände und Anforderungen an Familie heute vielfältiger geworden und unterliegen stärker als in zurückliegenden Generationen einem kulturellen und sozialen Wandel. Gesellschaftliche Chancen und Risiken wirken sich direkt auf das Leben von Eltern und deren Kinder aus und stellen hohe Anforderungen an die Handlungskompetenzen von Familien. Die Erfahrung zeigt, dass viele Eltern bei diesen Anforderungen an die Grenzen ihrer Leistungsfähigkeit stoßen, Verunsicherung und Überforderung sind häufig zu beobachtende Reaktionen.

Bedeutung der Familie

Die Familie ist der wichtigste Ort, die Bereitschaft und Fähigkeit zu lebenslangem Lernen bei den Kindern anzulegen, aber auch ein Ort, an dem die lebenslang wirksamen Bildungsdifferenzen entstehen. Damit mehr Chancengleichheit durch individuelle Förderung der Kinder möglich wird, muss die Familie in ihrer Leistungsfähigkeit unterstützt werden. Hierzu bedarf es verstärkter Aufmerksamkeit und verbesserter Bildungs- und Informationsangebote für werdende Mütter und Väter sowie für Eltern von kleinen Kindern.

Neben der traditionellen Kernfamilie existieren die Ein-Eltern-Familie, Stief- oder Patchworkfamilien sowie andere, familienähnliche Lebensgemeinschaften und Partnerschaften. Lebensumstände und Anforderungen an Beziehung und Elternschaft haben sich stark verändert. So unterliegen das Partnerschaftsverhältnis von Frauen und Männern und die daraus resultierenden Rollenmodelle dem gesellschaftlichen Wandel. Die Zahl der Kinder insgesamt geht zurück. Eindeutige Normen für Erziehungskonzepte und -praktiken fehlen bei gleichzeitig wachsenden Wahl- und Entscheidungsmöglichkeiten für verschiedene Bereiche des Lebens, was ein hohes Maß an Orientierung erfordert. Familien tragende Netze sind brüchig geworden und müssen immer wieder neu aufgebaut und gestaltet werden. Mütter und Väter müssen sich auf das Tempo des ökonomischen, kulturellen und sozialen Wandels einstellen.

Eltern in ihrem Bemühen zu unterstützen, die vielfältigen Aufgaben als Mütter und Väter positiv zu bewältigen, kommt den Kindern unmittelbar zugute. Informations- und Beratungsangebote vonseiten der frühpädagogischen Fachkräfte können daher helfen, zusätzliche Kompetenzen zur positiven Gestaltung des Miteinanders von Kindern und Erwachsenen zu erwerben.

Inklusion und Elternbildung

Eine Zielrichtung von inklusiven Kindertageseinrichtungen muss auf dieser Grundlage in der Stärkung und Unterstützung von Familien in ihrem Alltag, bei Übergängen in neue Lebensphasen sowie in besonderen Lebenslagen und Belastungssituationen bestehen. Dies basiert auf der Erkenntnis, dass die Unterstützung des Kindes durch die Eltern eine grundlegende Voraussetzung für den Bildungserfolg von Kindern ist. In Deutschland nutzen mehr als die Hälfte der Eltern aller Kinder unter sechs Jahren informelle Förderangebote, also solche, die nicht einem gesetzlich verankerten oder institutionalisierten Bildungsauftrag nachgehen (Mühler/Spieß 2008). Dabei zeigt sich, dass die Nutzung solcher nachweislich entwicklungsförderlichen Angebote mit dem Durchschnittseinkommen und dem Bildungsniveau der Familie steigt. Auf diesem Hintergrund müssen vorhandene Ressourcen der Eltern frühzeitiger und intensiver durch Krippe und Kindergarten unterstützt werden, um so elterliche Beziehungs-, Erziehungs-, Bildungs- und Alltagskompetenzen zu stärken.

Welche Angebote brauchen Eltern?

Um herauszuarbeiten, welche Elternbildungsangebote von möglichst vielen Familien angenommen werden, wurden innerhalb des Projekts „Koordination Elternbildung" der Stadt Hannover (Landeshauptstadt Hannover 2010) zahlreiche Eltern nach ihren Erfahrungen befragt. Dabei war der überwiegende Teil der Befragten Mütter. Ein großer Anteil setzte sich aus alleinerziehenden Eltern und Eltern mit Migrationshintergrund zusammen.

Bei der Frage, welche Assoziationen Eltern mit dem Begriff Elternbildung verbinden, spiegelt sich einerseits deutliche Unklarheit in den vielfältigen Antworten wider („keine Ahnung, weiß nicht so recht, muss mit Kindern zu tun haben"), andererseits wird aber auch eine negative Konnotation des Begriffs „Bildung" deutlich, da Bildung von Eltern mit Schule gleichgesetzt wird und hier gegebenenfalls negative Erfahrungen aus der eigenen Bildungsbiografie assoziiert werden. Insgesamt scheinen Eltern jedoch großes Interesse an Elternbildungsprogrammen zu haben. Probleme in der Vereinbarkeit von familiären und beruflichen Verpflichtungen und der damit verbundene Zeitmangel behindern die Wahrnehmung von Angeboten der Elternbildung. Gewünscht wird zum großen Teil ein Angebot, dass nachmittags oder am Wochenende gemeinsam mit den Kindern angenommen werden kann. Inhaltliches Interesse wird vor allem in folgenden Bereichen gesehen:

- Erziehung, Förderung, Entwicklungsphasen
- Regeln und Grenzen
- Gesundheit und Ernährung
- Betreuung, Schule, Ausbildung
- Verhaltensauffälligkeiten, Lernprobleme

Als Angebotsform der Beratung und Elternbildung werden Elterngruppen und Elternabende mit Fachleuten favorisiert. Besonders augenscheinlich ist das Interesse an zielgruppenspezifischen Angeboten (Mütter, Väter, Alleinerziehende). Auch Angebote in der Familiensprache sind von Interesse, ebenso wie organisierte Freizeitaktivitäten, z. B. für Väter mit Kindern. Von den befragten Eltern werden Elternbildungsangebote nach folgenden Kriterien weiter empfohlen:

- *Ort:* Wohnortnähe; in der Nähe der Kinderbetreuung; Familienzentrum, Kita, Schule, Kulturtreff;
- *Zeiten:* tagsüber mit Kinderbetreuung, nachmittags, am Abend;
- *Teilnehmer:* andere Eltern, andere Familien (mit Kindern), gleiche Familiensprache;
- *Kosten:* keine oder geringe.

Bei der Frage nach der Motivation zum Besuch von Elternbildungsprogrammen wird eine Vielzahl an Gründen genannt: Neben Spaß für Kind und Eltern wird das Bedürfnis nach Erziehungssicherheit deutlich. Eltern wünschen sich das bestmögliche Angebot für ihr Kind und zeigen großes Interesse an Fragestellungen der Gesundheit und Entwicklung.

In diesem Zusammenhang erweist sich das Rucksack-Programm als eine erfolgreiche Möglichkeit zu einer intensivierten Beteiligung und Einbeziehung von Eltern mit Migrationshintergrund, die in allen Bereichen des Bildungssystems als unzureichend beschrieben werden muss (Becker 2006):

Bildungsprogramm Rucksack

Die Überwindung der großen Distanz zwischen Kindertageseinrichtungen und Familien soll durch die Partizipation von Müttern in der Einrichtung gelingen, die sowohl ihre Herkunftssprache als auch die deutsche Sprache gut beherrschen. Diese leiten jeweils eine Müttergruppe, deren Kinder die Kindertageseinrichtung besuchen, bei sprach- und entwicklungsförderlichen Aktivitäten an. So wirken die Rucksack-Mütter gleichzeitig als Multiplikatorinnen zur Vermittlung des Verständnisses, wie wichtig der Besuch einer Kindertageseinrichtung für den Erwerb sprachlicher Kompetenzen in der Umgebungssprache ist.
Das in den Niederlanden entwickelte und in Nordrhein Westfalen erprobte Programm „Rucksack" reduziert den Themenbereich Sprachförderung nicht auf das Lernen der Umgebungssprache, sondern unterstützt zunächst die Sprachhandlungsfähigkeit der Kinder (Becker 2006). Diesem Programm liegt die Erkenntnis zugrunde, dass ein Kind eine Sprache leichter erwirbt, wenn es seine Herkunftssprache gut beherrscht. Der Erwerb einer Sprache der Mehrheitsgesellschaft auf einem Niveau, welches den Anforderungen der Schulsprache gerecht wird, gelingt bei Kindern aus sozioökonomisch benachteiligten Familien nicht automatisch. Eine isolierte Sprachförderung ohne Förderung der Muttersprache und ohne Einbeziehung des sozialen Kontextes (Familie, Nachbarschaft, Kindergarten, Schule) zeigt nur marginale, keinesfalls aber nachhaltige Auswirkungen auf die Sprachkompetenz der Kinder. Ausgehend von diesen Grundannahmen muss der Wert der eigenen Muttersprache innerhalb von Sprachfördermaßnahmen in den Vordergrund gestellt werden. Mit dem Rucksackprogramm sollen Risikofaktoren, wie ein isoliertes Aufwachsen in der türkischen Kultur und Sprache oder Unsicherheiten gegenüber Bildungsinstitutio-

nen, bearbeitet und verringert werden, um eine erfolgreiche Sozialisation und Entwicklung der Kinder ermöglichen zu können (Braun et al. 2004).

Die Ziele des Rucksack-Programms umfassen darüber hinaus:

- Förderung von Eigenpotentialen sozial benachteiligter Eltern, indem man ihre Kompetenzen in Erziehungsfragen stärkt und ihnen Unterstützung in der Kommunikation und Interaktion mit ihren Kindern gibt.
- Intensivierung der Zusammenarbeit zwischen frühpädagogischen Fachkräften und Familien.
- Sensibilisierung von Eltern zur Förderung der deutschen Sprache und der Muttersprache als Basis für den Zweitspracherwerb (Becker 2006).

Zur Umsetzung der Zielsetzungen werden in den beteiligten Kindertageseinrichtungen Mütter ausgesucht, die die Aufgabe haben, andere Mütter aus ihrem kulturellen und sprachlichen Milieu mit den Zielen und Inhalten der Elementarerziehung vertraut zu machen und sie anzuleiten, wie man Sprache und die allgemeine Entwicklung im Kleinkindalter durch Spiel und Anregung fördert.

In den kooperierenden Kindertageseinrichtungen arbeitet jeweils eine sogenannte Stadtteilmutter etwa sechs Stunden wöchentlich auf Honorarbasis. Unterstützt werden die Gruppenleiterinnen dabei durch die Rucksackmaterialien (vorgefertigte Arbeitsbögen in verschiedenen Sprachen, die den Eltern Anregungen für täglich wechselnde Beschäftigungen mit ihren Kindern geben) sowie durch gemeinsame Vor- und Nachbereitung der Gruppenstunden mit einer sozialpädagogischen Fachkraft. Parallel zu herkunftssprachlichen Gruppenstunden werden die jeweils behandelten Themen von den Fachkräften der Kindertageseinrichtung mit den Kindern in deutscher Sprache bearbeitet.

Frühpädagogische Fachkräfte benötigen zur Erfüllung dieser Aufgaben Kenntnisse über die Bedeutung der Förderung der Muttersprache als Basis für den Zweitspracherwerb und Methoden bei Unterstützung des Zweitspracherwerbs (→ Kap. 3.5). Außerdem sollen sie für die Lebenswelt von Migrantenfamilien sensibilisiert werden, um die interkulturelle Öffnung der Kindertageseinrichtung zu verstärken. Hierzu werden Qualifizierungen der Rucksack-Mütter und der frühpädagogischen Fachkräfte durchgeführt. Die Rucksack-Mütter wirken dabei als Vermittlerinnen zwischen Deutschen und Familien mit Migrationshintergrund und helfen beim Abbau von Zugangsschwellen.

Erfolg von Rucksack

Die Evaluation der Rucksack-Projekte fällt übereinstimmend positiv aus. Die Zusammenarbeit mit den Rucksack-Müttern führt zu einer spürbaren Verbesserung der Kooperation von Eltern und Kindertageseinrichtungen: So wird bemerkt, dass Eltern offener im Zugang zur Bildungsinstitution geworden sind und bereitwilliger die Anregungen und Informationen der frühpädagogischen Fachkräfte aufnehmen und umsetzen. Gruppenleiterinnen beobachten einen Abbau von Hemmschwellen und eine Verbesserung der Kontakte, Eltern werden stärker als Partner im Erziehungsprozess angenommen.

Die umfassende Ausrichtung des Programms lässt vermuten, dass mit der Partizipation der Familien im Alltag der Kindertageseinrichtung, dem intensiven Austausch zwischen Fachkräften und Familie sowie der Wertschätzung der Herkunftssprache indirekte Effekte auf die Sprachkompetenz der Kinder einhergehen. Die Umsetzung einer vernetzten Sprachförderung führt zu einer Mobilisierung und Aktivierung von Eltern aus Teilen der Migrationsbevölkerung, die als nicht oder nur schwer erreichbar gelten. Darüber hinaus führt das Programm zu einem verstärkten Austausch über Bildungs- und Entwicklungsprozesse bei Kindern über bestehende Milieugrenzen hinweg.

Anforderungen an inklusive Kindertageseinrichtungen

Die veränderte und überaus heterogene Familienstruktur geht mit Anforderungen an die Kooperation zwischen Kindertageseinrichtung und Familie einher. In vielen Familien arbeiten beide Elternteile bzw. der alleinerziehende Elternteil. Eine niedrige soziale Herkunft, ein alleinerziehendes Elternteil sowie fehlende Integration der Eltern in den Arbeitsmarkt sind die klassischen Risikofaktoren für ein Aufwachsen in Armut. Fast die Hälfte aller Kinder aus sozial benachteiligten Familien hat einen Migrationshintergrund, was mit einer Kumulation an Risikofaktoren einhergeht.

Neben den Risikofaktoren für Entstehungsursachen arbeitet die Kiggs-Studie (Robert-Koch-Institut 2007) auch Schutzfaktoren heraus, die eine Auftretenswahrscheinlichkeit von Entwicklungsgefährdungen und Benachteiligungen im Bildungssystem vermindern. So stellt insbesondere ein positives Familienklima eine wichtige Ressource für die Entstehung sozialer und emotionaler Kompetenzen dar. Ein guter familiärer Zusammenhalt ist dann vorhanden, wenn in der Familie jeder auf die Sorgen und Nöte des anderen eingeht, jeder das Gefühl hat, dass ihm zugehört wird, und die Familie häufig etwas gemeinsam unternimmt (Ravens-Sieberer et al. 2007). Bei Kindern mit einem guten Familienklima ist das Risiko, depressives Verhalten oder Angstsymptome zu zeigen, etwa halbiert. Bezüglich Störungen des Sozialverhaltens besteht das Risiko bei einem guten Familienklima sogar nur bei etwa einem Viertel.

Die Familie wird in allen Studien übereinstimmend als wichtigste Sozialisationsinstanz gesehen, die Identifikation weiterer Einflussfaktoren für die Entwicklung der Kinder gestaltet sich jedoch diffus. Hurrelmann und Andresen (2007) stellen heraus, dass 70% aller Kinder in Zwei-Eltern-Kernfamilien aufwachsen und es entgegen verbreiteter Annahmen einen relativ geringen Zuwachs an alleinerziehenden Eltern gibt. Darüber hinaus können Benachteiligungen von Einzelkindern weder empirisch nachgewiesen werden, noch gibt es verlässliche Hinweise dafür, dass die Veränderungen in der Lebensumwelt der Kinder so problematisch sind, dass sich daraus negative Folgen für die Entwicklung ergeben würden. Einfache Ursache-Wirkungs-Mechanismen und Generalisierungen greifen bei der Erklärung von Bildungsbenachteiligung zu kurz. Hier muss vielmehr das komplexe Zusammenspiel von Risiko- und Schutzfaktoren in den Auswirkungen der Familie auf die kindliche Entwicklung individuell analysiert werden.

Die Hypothese, dass Tageseinrichtungen für Kinder familiäre Benachteiligungen kompensieren können kann nur für Kindergärten bestätigt werden, die über gute strukturelle und prozessuale Voraussetzungen verfügen. Wichtige Einflussfaktoren der pädagogischen Prozesse sind dabei die angemessene Gruppengröße, die Fachkraft-Kind-Relation und das Ausbildungsniveau der frühpädagogischen Fachkräfte. Wünschenswert wäre in diesem Zusammenhang der Ausbau von Familienzentren und kostenfreien Ganztagsangeboten für alle Familien.

Kita als Familienzentrum

Familienzentren in Deutschland gehen auf die Erweiterung des Early-Excellence-Konzepts aus England zurück, welches von der Grundannahme ausgeht, dass alle Eltern ihren Kindern die besten Entwicklungsmöglichkeiten bieten wollen. Hierzu ist eine enge Kooperation zwischen frühpädagogischen Fachkräften und Eltern sowie mit allen am Entwicklungsprozess der Kinder beteiligten Akteuren nötig. Obwohl die Zusammenarbeit mit den Eltern bereits ein integraler Bestandteil in Kindertageseinrichtungen ist, wandelt sich unter den veränderten gesellschaftlichen Rahmenbedingungen deren Bedeutung im Hinblick auf eine Erziehungs- und Bildungspartnerschaft zwischen Fachkraft und Familie. Durch die Präsenz von Familienberaterinnen und -beratern beispielsweise werden Vorbehalte von Eltern reduziert, Beratung in Anspruch zu nehmen.

5.2 Familien mit einem Kind mit Behinderung

Die Probleme innerhalb von Familien mit einem Kind mit Behinderung unterscheiden sich nicht in dem Maße, wie es die häufig polarisierenden Gegenüberstellungen mit anderen Familien deutlich machen wollen (Cloerkes 2007). Vielmehr werden zunehmend die Ressourcen und das individuelle Bewältigungsverhalten in den Fokus genommen.

Auch Eltern von Kindern mit Behinderung sind in erster Linie Eltern und unterscheiden sich nicht grundsätzlich in ihrem subjektiven Belastungsempfinden von anderen Familien. Dennoch gelten für Familien, die ein Kind mit Behinderung haben, Bedingungen, die eine hohe Belastung bedeuten (Wagner Lenzin 2007):

- Die Entwicklung des behinderten Kindes ist nicht vorhersagbar.

- Aus der eigenen Ursprungsfamilie übernommene Erziehung- und Verhaltenskompetenzen sind nicht abrufbar.
- Angesichts der in der Regel erforderlichen lebenslangen Betreuung des behinderten Kindes ist die Elternschaft als permanent anzusehen.
- Die betroffenen Eltern sind gezwungen, sich ständig dem Entwicklungsverlauf des Kindes anzupassen; sie erleben die Möglichkeiten ihrer Einflussnahme als gering oder als gar nicht möglich.
- Der Entwicklungsprozess des Kindes stellt die Eltern vor immer neue Entwicklungsaufgaben.

Integration in Krippe und Kindergarten

Zu einem großen Belastungsfaktor für die Familie kann der Übergang in eine Kindertageseinrichtung werden. Die Aussage einer Mutter, dass es für sie mittlerweile zur Normalität geworden sei, jeden Tag für ihr Kind kämpfen zu müssen, schildert dies eindrucksvoll: Die Behördengänge, das Vorsprechen bei Kostenträgern und Leistungserbringern, das Suchen nach Krippen und Kindergärten, die ein Kind mit Behinderung aufnehmen wollen, und die Auseinandersetzung mit den dabei entstehenden Hürden bestimmen den Alltag der Familie.

Es ist zu wünschen, dass nicht erst der Abschluss einer Rechtschutzversicherung die Teilhabe am Leben in der Gesellschaft sichert, sondern die gesetzliche Grundlage zur gemeinsamen Bildung, Betreuung und Erziehung durch die Verfassungen der Länder geschaffen werden. Die gleiche Mutter berichtete, dass der Weg, sich eine wohnortnahe Krippe, einen Kindergarten oder eine Schule für ihr Kind zu suchen, ohne den Weg der Klage fast aussichtslos erschien. Wie sehr die fehlenden Rahmenbedingungen auch die Arbeit von integrativen Einrichtungen belasten, zeigt die Aussage einer frühpädagogischen Fachkraft zum Aufnahmeverfahren für Kinder mit Behinderung in einer Krippe.

> **Beispiel: Platzmangel**
>
> „Ja zum einen, dass es immer kompliziert ist, diese Integrationsplätze für Kinder mit Behinderung zu vergeben, weil der Mangel und die Nachfrage immer so groß sind. Also es ist nicht so leichtfertig, wie man einer Familie begegnet – wenn wir sechs Plätze haben, dann haben wir da vielleicht 20 Leute auf der Warteliste und dann können nur sechs diese Plätze haben. Und die anderen, da weißt du, die finden schon woanders einen Platz, und sie werden irgendwo in ihrem Stadtteil gute Betreuung für ihr Kind finden. Bei den Inte-

grationsplätzen weißt du, wenn du die wegschickst, dann haben sie eigentlich nichts, oder es gibt wenig Alternativen. Das ist einfach immer so furchtbar deprimierend.
Das ist wirklich schwierig, weil man da so schwer entscheiden kann, wer braucht es am dringendsten, welche Eltern oder welches Kind? Das fände ich leichter, wenn man wissen würde: Wenn die nicht zu uns kommen, dann gehen sie in eine andere Integrationsgruppe.
Und diese Situation finde ich auch außerordentlich belastend, immer wieder so vielen Eltern sagen zu müssen: ‚Es tut mir leid, wir haben keinen Platz mehr.' Weil es diesen riesengroßen Mangel an Integrationsplätzen gibt, das ist einfach ein Riesendesaster. Das sind immer schon so Einzelschicksale. Und was für uns dann immer ganz schwer zu entscheiden ist: Wer hat denn hier die größeren Notlagen? Und wem können wir gut gerecht werden? Und das ist dann so schwer zu entscheiden, wem gibt man denn diesen einen Platz, der vielleicht in diesem einen Jahr frei wird?"

Eltern, die sich gegen eine Sondereinrichtung entscheiden, entscheiden sich für den unbequemeren Weg, da sie selbst immer wieder damit konfrontiert werden, dass ihr Kind in der integrativen Einrichtung im Vergleich zu den anderen Kindern einen erhöhten Förderbedarf hat und sich in bestimmten Bereichen langsamer entwickelt. Auf der anderen Seite bedeutet es für die Eltern ein großes Stück Normalität, wenn ihr Kind eine integrative Gruppe im Wohnumfeld besuchen kann und damit der Kontakt zu Kindern ohne Behinderung ermöglicht wird. Aufgabe der frühpädagogischen Fachkräfte ist es, die Entwicklung und den Förderbedarf des Kindes gegenüber den Eltern zu dokumentieren. Viele Eltern haben ein großes Interesse daran, die Förderung mitzuverfolgen und das heilpädagogische Fachwissen für ihren Alltag zu nutzen.

Beispiel: Aussage einer Mutter über die Zusammenarbeit mit der Heilpädagogin in einem integrativen Kindergarten

„Im Endeffekt ist das für mich auch eine große Bereicherung, weil die Heilpädagogin total viel sieht. Also sie beobachtet ganz super, genauso wie ich es auch mache als Mutter. Sie hat sicherlich auch ein bisschen andere Vorstellungen und pocht sehr darauf, dass die Kinder selbstständig werden. Was man als Eltern am Anfang vielleicht einfach gar nicht weiß, wie man es am besten macht, oder gar nicht dran denkt. Ich habe da am Anfang auch ziemlich viel gelernt. Also dass ich Marco eben nicht immer sofort zu seinem Stuhl tragen muss, sondern dass er auch selber dahin krie-

> chen kann. Das habe ich dann zum Beispiel auch umgesetzt, und es klappt. Und das sind so Kleinigkeiten, die man als Mutter oder als Eltern auch mit an die Hand kriegt, Tipps oder so was."

Elternabende Zur Zusammenarbeit mit den Eltern bieten sich zunächst thematische Elternabende an, damit alle beteiligten Eltern erfahren, wie man mit dem Thema Behinderung und Integration umgehen kann. Damit sollen Verunsicherungen vermieden werden, die sich wiederum auf die Kinder übertragen und dann zu Störungen in der Peerinteraktion führen können.

Einrichtungen müssen unterschiedliche Zugänge zum Thema finden, da die Eltern sehr verschieden damit umgehen, dass ihr Kind eine Behinderung hat. Dabei gibt es sowohl Eltern, die Probleme zeigen, über ihr Kind zu sprechen, als auch Eltern, denen es sehr wichtig ist, offensiv über die Behinderung zu sprechen, damit keine Missverständnisse und Vorurteile entstehen. Auch die Gruppengröße spielt dabei eine Rolle: In kleinen Gruppen fällt es leichter, während der Elternabende auf jedes einzelne Kind einzugehen und Bedürfnisse und Ängste auszusprechen.

Integrative Einrichtungen entwickeln in diesem Zusammenhang eine Vielzahl an methodischen Möglichkeiten: So werden Fortschritte von allen Kindern auf der Grundlage von Bildungsdokumentationen aufgezeigt (→ Kap. 4.3) oder es werden Erlebnisse aus dem Alltag der Kinder erzählt. Eine wichtige Funktion der Elternabende besteht zudem darin, den Eltern Gelassenheit zu signalisieren. Viele Kinder haben durch Therapien und Freizeitangebote am Nachmittag bereits einen vollen Terminkalender, sodass es wichtig ist, Pausen im Alltag einzuplanen.

Elterngespräche Regelmäßige Elterngespräche sorgen für Transparenz und Kommunikation zwischen den Eltern und pädagogischen Fachkräften. Für einen guten Austausch zwischen Mitarbeitern und Eltern müssen entsprechende Rahmenbedingungen, Zeit und Ruhe, geschaffen werden. Eltern sehen sich häufig als „Übersetzer" ihrer Kinder, da diese in vielen Fällen selbst nicht zu sprachlicher Kommunikation fähig sind.

Des Weiteren muss im Alltag die Möglichkeit geschaffen werden, kleine Vorfälle direkt mitzuteilen und wenn nötig zu besprechen (meist in der Bring- oder Abholsituation, sogenannte Tür-und-Angel-Gespräche).

Eine Problematik, die von frühpädagogischen Fachkräften geschildert wird, besteht in der Erwartungshaltung einiger Eltern: Durch den Besuch einer integrativen Gruppe haben viele Eltern die Hoffnung, dass die Behinderung ihres Kindes „geheilt" wird. Es ist notwendig, den Eltern eine realistische Einschätzung ihres Kindes zu ermöglichen. Auch zu diesem Zweck eignen sich insbesondere die hier vorgestellten stärkenorientierten Beobachtungs- und Dokumentationsverfahren (→ Kap. 4.3).

Die Tatsache, dass für das Kind mit Behinderung ein Förderplan erstellt und mit den Eltern besprochen wird, schafft auch eine besondere Rolle für die Eltern. Sie haben häufiger Elterngespräche als andere Eltern. Für diese ist es dann nicht immer nachvollziehbar, dass für Familien mit einem Kind mit Behinderung ein größerer Bedarf besteht. Ziel ist es, trotz dieser Sonderrolle Normalität in der Einrichtung herzustellen. Wichtig ist die regelmäßige Überprüfung der formulierten Ziele im Sinne der Anpassung der Ziele an die Bedürfnisse der Familie und die Voraussetzungen des Kindes.

Zufriedenheit der Eltern

Die Zufriedenheit von Eltern in einer integrativen Einrichtung ist auch stark davon abhängig, wie sich die Beziehung zu anderen Eltern gestaltet. Die Einrichtung stellt eine gute Möglichkeit dar, Kontakte, Gespräche und Erfahrungen unter den Eltern zu vertiefen, zum Beispiel zu den Bring- und Abholzeiten. Eine weitere Möglichkeit zum Austausch besteht in der Einrichtung eines Elterncafés, welches an einem Vormittag in der Woche zum gegenseitigen Kennenlernen der Eltern und zum Austausch über aktuell relevante Themen geöffnet wird. Aus persönlicher Erfahrung berichten Eltern in diesem Zusammenhang, dass der Kontakt von Eltern von Kindern mit einer geistigen Behinderung zu anderen Eltern mit zunehmendem Alter der Kinder weniger wird. Aus Elternsicht besteht ein Grund darin, dass Kinder mit Behinderung oft später unabhängig werden als andere Kinder und die gemeinsamen Interessen abnehmen.

Vor allem bezüglich des Schuleintritts sind Eltern von Kindern mit Behinderung in einer besonders belastenden Situation. In der Regel wünschen sie sich, dass ihre Kinder den integrativen Bildungsweg fortführen können, und stehen dann dem mangelhaften Angebot integrativer Beschulung gegenüber. Bereits lange vor Einschulung wird der Schuleintritt Thema in Elterngesprächen, vor allem aufgrund der fehlenden schulischen Integrationsmöglichkeiten.

Übergang in die Schule

Eltern, die ihr Kind in einer integrativen Kindertageseinrichtung betreuen lassen, wünschen sich im Übergang zur Schule in der Regel den wohnortnahen, gemeinsamen Unterricht mit Kindern ohne Behinderung. Als Grund für eine integrative Beschulung wird zum Beispiel das gegenseitige

Voneinanderlernen angeführt. Aussagen von Eltern schildern in den folgenden Beispielen die Bedürfnisse und Befürchtungen der Familien, die sich im Übergang ihres Kindes vom Kindergarten in die Schule ergeben.

Beispiele: Integration als Ziel

„Wir sind dann da [Sondereinrichtung] jedenfalls auch hingefahren, und ich war erst mal total geschockt, weil das richtig harte Fälle waren, die ich da gesehen habe. Ich muss dazu sagen, zu dem Zeitpunkt der Besichtigung konnte nicht ein Kind richtig vernünftig sprechen. Dann habe ich mir die Frage gestellt, wenn ich mein Kind, das nicht spricht, dahin gebe, wo soll sie es lernen? Von wem?" (Mutter einer Tochter mit globaler Entwicklungsverzögerung).
„Wie soll man da [in der Förderschule] voneinander lernen, wenn es dort keine guten Vorbilder gibt?" (Eltern eines Sohnes mit einer Hörschädigung).
„Und dass L. in der Integration viel lernen wird, das war mir auch klar. Weil durch Kinder lernt man und da guckt man ab, und ganz besonders auch durch die Größeren. Und da sie sowieso immer auch einen Hang zu etwas größeren Kindern hat, die sag ich mal sieben, acht sind, so ein bisschen als Vorbildfunktion" (Vater einer Tochter mit einer Nierenerkrankung).
„Der braucht andere Kinder! Der guckt sich ja so viel ab" (Mutter eines Sohnes mit Down-Syndrom).
„Für mich war das [die Förderschule] so Abstellgleis und Feierabend und dann ist Schluss. Ich hatte wirklich auch noch diese Vorstellung, da bleibt sie, da kommt sie nicht mehr raus" (Mutter einer Tochter mit globaler Entwicklungsverzögerung).
„Und meine Welt ist aber die hörende und die lautsprachlich kommunizierende Welt, und ich wollte, dass mein Kind in dieser Welt aufwächst. Denn so ist die Gesellschaft. Und ich möchte, dass das geht" (Eltern eines Sohnes mit einer Hörschädigung).
„Und es ist nicht mein Verständnis von Betreuung im Kindergarten, denn ich möchte, dass sie, wenn sie rausgeht, im wirklichen Leben ist und nicht unter so einer Glocke sitzt" (Mutter einer Tochter ohne Diagnose).

Wünsche und Erwartungen von Eltern

Als Argumente für eine gemeinsame Bildung in Kindertageseinrichtung und Schule führen die Eltern neben der Möglichkeit zum Aufbau von Freundschaften zu Kindern ohne Behinderung an, dass ihr Kind nicht isoliert in einer Sondereinrichtung aufwächst und damit die gesellschaftliche Realität nicht kennen lernt.

Die Entwicklungsförderung ihrer Kinder steht für Eltern ebenso im Vordergrund: So soll die Zusammenarbeit der Familie mit der Frühförderung weitergeführt werden, wenn das Kind einen Kindergarten besucht. Eltern haben einen hohen Anspruch an die Professionalität der frühpädagogischen Fachkräfte in inklusiven Einrichtungen.

Beispiel: Erwartungen einer Mutter

„Also die Erwartung war ganz klar, und es war auch die Hauptmotivation, weshalb er dahin sollte, dass er dadurch in seiner Entwicklung natürlich gefördert wird, weil wir das tatsächlich als eine Art Frühförderung ansehen. Erst mal weil er da betreut wird. Also mit einer Heilpädagogin, die auch sehr viel Erfahrung hat und ihn persönlich im Blick hat, und dann natürlich auch die Tatsache, dass er da in einer Gruppe ist, wo er mit Kindern zusammenkommt, dass er sich da Sachen abguckt, dass er da ganz tolle Spielmöglichkeiten auch hat, die wir ihm zu Hause zwangsläufig nicht bieten können. Das waren die Erwartungen, also das waren letztendlich nur positive. Befürchtungen? Ja also eigentlich gar keine. Letztendlich nichts anderes, was andere Mütter oder Eltern nicht auch haben. Dass er da nicht klarkommt, dass ihm das zu viel ist, weil er ja wirklich noch sehr klein war und noch nicht viel konnte. Aber das kann man jetzt nicht als Befürchtung bezeichnen, also nicht so richtig."

Inklusion als Entlastung für Familien

Eltern, die ihr Kind mit Behinderung in einer integrativen Einrichtung unterbringen konnten, berichten von einem positiven Einfluss auf das Familienleben, das eine große Entlastung erfährt. Zu den Faktoren zählt neben der Berufstätigkeit, die wieder ausgeübt werden kann, insbesondere auch der Kontakt zu Familien aus der Kindertageseinrichtung, die einen vorurteilsfreien Umgang mit ihnen pflegen.

Beispiel: Entlastung

„Wir haben vorher vier Jahre nicht eine Minute frei gehabt. Ja definitiv nicht. Es gibt nichts, wo ich Lara gelassen hätte. Keiner der sich da auch nur dem angenommen hätte oder annehmen wollte. Und wir waren halt 24 Stunden für sie da. Und als dann der Kindergarten anfing, also die erste Zeit, bedeutete für mich eine große Anspannung. Jetzt mittlerweile ist es einfach so, dass ich wirklich in den fünf Stunden mal was schaffen kann. Und mal weggehen kann oder dass wir auch mal einen Kaffee trinken können. Wir waren vorher vier Jahre nicht mal Kaffee trinken. Weil es einfach nicht möglich war."

Zusammenfassung Als Basis für eine kontinuierliche und tragfähige pädagogische Arbeit in der Krippe und im Kindergarten wird die Zusammenarbeit mit den Eltern gesehen. Dies gilt ebenso für die Frühförderung, die aufgrund der Förderung der Kinder im primären Entwicklungskontext die Familienorientierung als bedeutendes Arbeitsprinzip formuliert. Der Erfolg von individueller Unterstützung und Förderung ist letztlich nicht nur von der Verbesserung funktioneller Fähigkeiten, sondern vor allem auch von den Verständigungsprozessen zwischen Therapeut und Familie abhängig. Übertragen auf die Arbeit in frühpädagogischen Handlungsfeldern weist das Prinzip der Familienorientierung auf die Bedeutung der Erziehungspartnerschaft zwischen frühpädagogischen Fachkräften und Eltern hin. Die Kindertageseinrichtung kann demnach nur zu einem wertvollen Schutzfaktor für die Entwicklung werden, wenn die Eltern als Experten für ihr Kind in die pädagogische Arbeit miteinbezogen werden.

Dabei stehen stets die individuellen Fähigkeiten des Kindes als aktiver Bewältiger und Mitgestalter des eigenen Lebens im Mittelpunkt: So kann Resilienz (→ Kap. 3.3) beim Kind unmittelbar und mittelbar über die Erziehungsqualität gefördert werden, denn entscheidend ist, was Kinder den Anforderungen des Alltags entgegensetzen können, wie sie Konflikte aktiv lösen und Probleme bewältigen. Ebenso wichtig wie das Gefühl, selbst wirksam sein zu können und eigene Kontrolle über Entscheidungen zu haben, ist die Förderung von Eigenaktivität und Verantwortungsübernahme. Den Eltern und der pädagogischen Fachkraft kommen dabei die gemeinsame Aufgabe zu, das Kind zu ermutigen, seine Gefühle zu benennen und auszudrücken, vorschnelle Hilfe zu vermeiden, soziale Netzwerke auszubauen und mit Belastungen konstruktiv umzugehen. Die Kinder und Familien sollen dabei in Entscheidungsprozesse eingebunden werden, um Verantwortung übernehmen und Selbstwirksamkeit erleben zu können.

6 Empfehlungen für die Weiterentwicklung von Einrichtungen

6.1 Inklusive Qualität

Inklusion kann wie in den vorangegangenen Kapiteln dargestellt als die konsequente Weiterführung von Integration verstanden werden und versteht sich als die Realisierung des Rechts aller Kinder auf gemeinsame Bildung, Betreuung und Erziehung, die nur durch einen umfassenden Reformprozess zu realisieren ist.

Kindertageseinrichtungen müssen unter der Zielsetzung der Realisierung von Inklusion so ausgestattet werden, dass sie jedes Kind aufnehmen können. Fachliche Unterstützung erhalten die Einrichtungen durch den Aufbau von ambulanten Beratungs- und Unterstützungssystemen und der bedarfsgerechten Ausstattung mit heilpädagogischen Fachkräften in der Gruppe. Inklusion gelingt nur mit Professionalität.

Kindertageseinrichtungen, die sich im Hinblick auf die Umsetzung der UN-Behindertenrechtskonvention auf den Weg zu einer inklusiven Einrichtung begeben, entscheiden sich für einen Zuwachs an Qualität. Die Untersuchungen der Qualität integrativer Kindergärten und Krippen (Heimlich/Behr 2007) belegen dabei eindrucksvoll, dass diese eine bessere Qualität und eine größere Zufriedenheit unter Eltern und Mitarbeitern vorweisen können, als Einrichtungen, die nicht integrativ arbeiten.

Index für Inklusion

Zur Überprüfung der inklusiven Qualität kann in Kindertageseinrichtungen der „Index für Inklusion“ (Booth et al. 2006) in einer für die Frühpädagogik angepassten Version eingesetzt werden. Der Index stellt eine wertvolle Arbeitshilfe für alle dar, die ihre Einrichtung auf den Weg zur gemeinsamen Bildung und Erziehung aller Kinder bringen wollen oder Anregungen benötigen, wie sie ihre bereits begonnene Arbeit verbessern können. Er erfüllt dabei eine doppelte Funktion: Zum einen liefert er Hinweise auf den Ist-Stand der Einrichtung im Hinblick auf den Umgang mit

Vielfalt, zum anderen bietet er gleichzeitig aber auch konkrete Praxishilfen für die Umsetzung des Anspruchs der Inklusion im Krippen- und Kindergartenalltag: Die Fokussierung auf individualisierende pädagogischen Prozesse (→ Kap. 4) kommt allen Kindern, unabhängig von Herkunft oder Merkmalen, zugute und kann mithilfe des Index überprüft werden.

Qualitätssicherung mithilfe des Index

Booth et al. (2006, 10) fassen die Ziele des Index als Mittel zur Qualitätssicherung folgendermaßen zusammen:
„Der Index für Inklusion (Frühkindliche Erziehung, Bildung und Betreuung) ist eine Hilfestellung und Handreichung zur Unterstützung der inklusiven Entwicklung in allen institutionellen Formen von Tageseinrichtungen für Kinder einschließlich Krippen, Familienzentren, Krabbelstuben, Tagespflege, Kinderläden und Kinderhäusern. Der Index ist ein umfassendes Werk, das allen in diesen Einrichtungen helfen kann, ihre eigenen „nächsten Schritte" zu finden, um die Partizipation der Kinder und Jugendlichen an Spiel und Lernen zu erhöhen. Die Materialien sind so konzipiert, dass sie auf dem Wissen und der Erfahrung der Erzieherinnen aufbauen und die Entwicklung jeder beliebigen Einrichtung anregen und unterstützen, unabhängig davon, wie inklusiv die Einrichtung auch immer im Moment eingeschätzt wird.
Der Index ist ein Ansatz, sich mehr mit Erziehung, Bildung und Betreuung nach inklusiven Maßstäben zu befassen und nicht nur mit einer bestimmten Gruppe von Kindern und Jugendlichen. Der begleitende Ansatz zur Verbesserung einer Einrichtung, den der Index liefert, bietet eine Alternative zu üblichen Instrumentarien der Evaluation und des Qualitätsmanagements. Er schließt eine genaue Betrachtung ein, wie man die Barrieren für Spiel, Lernen und Partizipation jeden Kindes verringern kann."

6.2 Standards in Kindertageseinrichtungen

Die Entwicklung von Kindern verläuft sehr unterschiedlich, wie in → Kap. 3 an unterschiedlichen Entwicklungsbereichen dargestellt. So wird in Krippen und Kindergärten ein hoher Anteil von Kindern betreut, die psychosoziale Risiken und Entwicklungsgefährdungen aufweisen und deren spätere gleichberechtigte Teilhabe am Bildungssystem infrage gestellt werden kann.

Eine qualitativ gute Bildung, Betreuung und Erziehung gilt in diesem Zusammenhang als entwicklungsförderlich, da frühpädagogische Fachkräfte über Vergleichsmöglichkeiten verfügen, die ihren Blick für Auffälligkeiten in der Entwicklung oder im Verhalten von Kindern schärfen. Auch auf der Basis von Untersuchungsergebnissen ist belegbar, dass das Urteil von frühpädagogischen Fachkräften in dieser Hinsicht oft mit den Resultaten einer Fachdiagnostik übereinstimmt. Belegt werden konnte dies zum Beispiel im Vergleich standardisierter Sprachscreenings und prozessorientierter Beob-

achtungsverfahren. Hier bietet der Ausbau der Kinderbetreuung für Kinder im Altersbereich bis drei Jahren die Möglichkeit, dass erfahrene Fachkräfte schon im Krippenalter auf Entwicklungsrückstände aufmerksam werden. Dies setzt allerdings die Fähigkeit zur systematischen Beobachtung und Dokumentation, die Verfügbarkeit entsprechender Instrumente sowie eine kritische und reflektierte Auseinandersetzung mit diesen Methoden voraus (→ Kap. 4.3).

Als entwicklungsförderlich kann sicherlich auch die Entlastung der Betreuungspersonen, in der Regel die Mütter, betrachtet werden (→ Kap. 5). Zugleich scheint es aber nötig zu sein, in der Tagesbetreuung der Kinder ein qualitativ hochwertiges Angebot bereitzustellen, da die Förderung der Kinder für ihre Eltern einen weitaus höheren Stellenwert hat als die eigene Entlastung. Dies gilt möglicherweise auch für die Abwägung zwischen der bestmöglichen Förderung der Kinder einschließlich ihres Kontaktes mit Gleichaltrigen und der Umsetzung von Zielen wie die finanzielle Absicherung, Fortsetzung der Ausbildung oder berufliche Tätigkeit.

Der Einfluss der Familie auf die Entwicklung des Kindes wird als etwa doppelt so hoch beschrieben wie der Einfluss, den eine Krippe oder ein Kindergarten nehmen kann. Im Gelingen der Zusammenarbeit mit der Familie liegt daher einer der wichtigsten Standards, an dem sich inklusive Kindertageseinrichtungen messen müssen.

Qualifikationsanforderungen

Auch wenn die Anforderungen an eine integrative Frühpädagogik zunächst hoch erscheinen, kann man davon ausgehen, dass eine qualitativ hochwertige Einrichtung eine gute Einrichtung für alle Kinder ist. Die Qualität spiegelt sich darin wider, dass Formen der Beobachtung und Dokumentation der Fähigkeiten und Bedürfnisse der Kinder als ein Ausgangspunkt für die Formulierung individueller Bildungsziele gesehen werden. In engem Austausch mit der Familie und in Abstimmung mit begleitenden Maßnahmen wie Therapien und Frühförderung kann dies zu mehr Sicherheit im Umgang mit dem behinderten Kind führen und zur Grundlage eines vertrauensvollen Betreuungsverhältnisses werden.

fachliche Forderungen

Um die Ansprüche einer inklusiven Frühpädagogik erfüllen zu können, bedarf es entsprechender Rahmenbedingungen. Dies stellt eine Herausforderung an Kostenträger und Leistungserbringer dar, da mit der UN-Behindertenrechtskonvention eine Anpassungsleistung des Systems an die Voraussetzungen und Bedarfe aller Kinder einhergeht. Angebote müssen daher so gestaltet werden, dass die Bedürfnisse des einzelnen Kindes und seiner Familie erfüllt werden können. Die Rahmenbedingungen von Krippen und Kindergärten müssen Standards genügen, nach denen jedes Kind unabhängig von Status oder Zuschreibung aufgenommen werden kann. Im Bedarfsfall muss flexibel und ohne Verzögerung die Bereitstellung zusätzlicher Ressourcen verfügbar gemacht werden. Dies betrifft die Personalstärke, die Gruppengröße, die räumlichen Voraussetzungen und die Ausstattung mit Hilfsmitteln und Material.

Diese Qualitätsstandards müssen gesetzlich verankert werden, damit jedem Kind das Recht auf eine inklusive Bildung gewährt werden kann.

Literatur

Aichele, V. (2008): Die UN-Behindertenrechtskonvention und ihr Fakultativprotokoll. Ein Beitrag zur Ratifikationsdebatte. Deutsches Institut für Menschenrechte, Berlin

Albers, T. (2009): Sprache und Interaktion im Kindergarten: Eine quantitativ-qualitative Analyse der sprachlichen und kommunikativen Kompetenzen von drei- bis sechsjährigen Kindern. Klinkhardt, Bad Heilbrunn

Baron-Cohen, S., Leslie, A. M., Frith, U. (1985): Does the Autistic Child Have a „Theory of Mind"? Cognition 21, 37–46

Becker, J. (2006): Rucksack: Interkulturelle Sprachförderung und Elternbildung im Elementarbereich. In: www.eundc.de/pdf/50016.pdf, 29.10.2010

Bertelsmann-Stiftung (2010): Ländermonitor Frühkindliche Bildungssysteme. In: www.laendermonitor.de, 29.10.2010

Boban, I., Hinz, A. (2003): Förderpläne: Für integrative Erziehung überflüssig!? Aber was dann?? In: Mutzeck, W. (Hrsg.): Förderplanung. Beltz, Weinheim, 131–144

Booth, T., Ainscow, M., Kingston, D. (2006): Index für Inklusion (Tageseinrichtungen für Kinder). Lernen, Partizipation und Spiel in der inklusiven Kindertageseinrichtung entwickeln. GEW, Frank-furt/M.

Braun, U., Overmann, J., Güleryüz, L. (2004): Sprachförderung in Recklinghausen – Ein Konzept, viele Bausteine. Kita aktuell NRW 1, 13–17

Butterwegge, C., Holm, K., Zander, M. (2004): Armut und Kindheit. Ein regionaler, nationaler und internationaler Vergleich. VS, Wiesbaden

BZgA (2010): Kindergesundheit. In: www.kindergesundheit-info.de, 29.10.2010

Casey, T. (2011): Die Rolle des Erwachsenen bei der Förderung des integrativen Spiels. In: Kreuzer, M., Ytterhus, B. (Hrsg.), 219–238

Chassé, K. A. (2005): Meine Familie ist arm: Wie Kinder im Grundschulalter Armut erleben und bewältigen. VS, Wiesbaden

Cloerkes, G. (2007): Familien mit behinderten Kindern. In: Cloerkes, G. (Hrsg.): Soziologie der Behinderten. Eine Einführung. Edition S, Heidelberg, 279–306

Corsaro, W. A. (2011): Interpretative Reproduktion, Peer-Beziehungen von Kindern und ihr Verlangen nach selbstbestimmter Interaktion. In: Kreuzer, M., Ytterhus, B. (Hrsg.), 14–21

Dannenbauer, F. M. (2002): Grammatik. In: Baumgartner, S., Füssenich, I. (Hrsg.): Sprachtherapie mit Kindern. 5. Aufl. Ernst Reinhardt, München/Basel, 105–161

DBL (2010): Spracherwerb, Kommunikation. In: www.dbl-ev.de/index.php?id=880, 29.10.2010

DOK (2009): Fünf Jahre Behindertengleichstellungsgesetz. Wirkungsanalyse und Forderungen. DOK, Bern

Eichholz, R. (2009): Gemeinsame Bildung für Alle von Anfang an: die UN-Behindertenrechtskonvention. In: Online-Kindergartenhandbuch. In: www.kindergartenpaedagogik.de/2023.html, 29.10.2010

Feyerer, E. (2009): Individuelle Förderpläne als Grundlage individualisierter Erziehung, Bildung und Unterrichtung in Österreich. Zeitschrift für Inklusion 1. In: www.inklusion-online.net/index.php/inklusion/article/view/22/32, 29.10.2010

Flämig, K. (2008): Bildungs- und Lerngeschichten. Erfahrungen aus der Praxis. In: http://elearn.hawk-hhg.de/blogs/kindheit-in-der-region/files/2008/12/lerngeschichten_flamig_dji.pdf, 29.10.2010

Fritz, J. (2004): Das Spiel verstehen. Eine Einführung in Theorie und Bedeutung. Juventa, Weinheim

Goepel, J. (2009): Constructing the Individual Education Plan: Confusion or Collaboration? Support for Learning 3, 126–132

Gonzalez-Mena, J. (2006): Diversity in Early Care and Education. Honoring Differences. McGraw-Hill, New York

Grimm, H. (2003): Störungen der Sprachentwicklung. Hogrefe, Göttingen

–, Weinert, S. (1994): Intervention bei sprachgestörten Kindern. Voraussetzungen, Möglichkeiten und Grenzen. Fischer, Stuttgart

Gross, M. (2005): Universelles Hörscreening bei Neugeborenen: Empfehlungen zu Organisation und Durchführung des universellen Neugeborenen-Screenings auf angeborene Hörstörungen in Deutschland. Laryngorhinootologie 11, 801–808

Hansen, G. (2004): Leben mit einem körperbehinderten Kind. In: www.familienhandbuch.de/cmain/f_Aktuelles/a_Behinderung/s_1435.html, 29.10.2010

Heimlich, U., Behr, I. (2007): Qualitätsstandards in integrativen Kinderkrippen der Landeshauptstadt München. Ergebnisse der wissenschaftlichen Begleitforschung (Abschlussbericht). Forschungsbericht Nr. 8. Ludwig-Maximilians-Universität, Forschungsstelle integrative Förderung (FiF), München

Heyer-Oeschger, M. (2001): Kindergarten und Schule gemeinsam. In: www.bildungsdirektion.zh.ch/internet/bi/de/Direktion/planung/de/Projekte/evaluationen.SubContainerList.SubContainer1.ContentContainerList.0046.DownloadFile.pdf, 29.10.2010

Hinz, A. (2004): Vom sonderpädagogischen Verständnis der Integration zum integrationspädagogischen Verständnis der Inklusion!? In: Schnell, I., Sander, A. (Hrsg.): Inklusive Pädagogik. Klinkhardt, Bad Heilbrunn, 41–74

– (2000): Sonderpädagogik im Rahmen von Pädagogik der Vielfalt und Inclusive Education. Überlegungen zu neuen paradigmatischen Orientierungen. In: Albrecht, F., Hinz, A., Moser, V. (Hrsg.): Perspektiven der Sonderpädagogik. Luchterhand, Neuwied, 124–140

Hirsh-Pasek, K., Golinkoff, R. M. (1996): The Origins of Grammar. Evidence from Early Language Comprehension. MIT Press, Cambridge

Hock, B., Holz, G., Simmedinger, R., Wüstendörfer, W. (2000): Gute Kindheit – Schlechte Kindheit? Armut und Zukunftschancen von Kindern und Jugendlichen in Deutschland. ISS-Pontifex, Frankfurt/M.

Hurrelmann, K., Andresen, S. (2007): Kinder in Deutschland 2007. 1. World Vision Kinderstudie. Fischer, Frankfurt/M.

Jungmann, T., Albers, T. (2008): Integrative Erziehung in Kindertageseinrichtungen. In: www.kindergartenpaedagogik.de/1531.pdf, 29.10.2010

Kälin, W., Künzli, J., Wyttenbach, J., Schneider, A., Akagündüz, S. (2010): Mögliche Konsequenzen einer Ratifizierung der UN-Konvention über die Rechte von Menschen mit Behinderungen durch die Schweiz. In: www.edi.admin.ch/ebgb/00564/00566/00569/01680/index.html?lang=fr&download=NHzLpZeg7t,lnp6I0NTU042l2Z6ln1ae2IZn4Z2qZpnO2Yuq2Z6gpJCDfX93f-mym162epYbg2c_JjKbNoKSn6A–, 29.10.2010

Karch, D. (2002): Ursachen der mentalen Retardierung. In: www.kize.de/5-downloads/publikation33.pdf, 29.10.2010

Karmiloff, K., Karmiloff-Smith, A. (2001): Pathways to Language. From Fetus to Adolescent. Harvard University Press, Harvard

Klein, L. (2000): „Da muss man umdenken“. Freinet Pädagogik im Kindergarten. In: www.kindergartenpaedagogik.de/403.html, 29.10.2010

Klein, G., Kreie, G., Kron, M., Reiser, H.(1987): Integrative Prozesse in Kindergartengruppen. Über die gemeinsame Erziehung von behinderten und nichtbehinderten Kindern. DJI Materialien, Reihe Integration behinderter Kinder, Weinheim/München

Kleinert-Molitor, B. (1996): Das Spielgeschehen als Sprachlernort. In: Grohnfeldt, M. (Hrsg.): Grundlagen der Sprachtherapie, Handbuch der Sprachtherapie. Bd. 1. Spiess, Berlin, 222–251

König, A. (2007): Dialogisch-entwickelnde Interaktionsprozesse als Ausgangspunkt für die Bildungsarbeit im Kindergarten. Bildungsforschung 1, 1–21

Konrad, M. (2008). Involve Students in the IEP Process. Intervention in School and Clinic 4, 236–239

Kornmann, R. (1994): Von der prinzipiell nie falschen Legitimation negativer Ausleseentscheidungen zum Etikettierungs-Ressourcen-Dilemma. Behinderte in Familie, Schule und Gesellschaft 1, 51–59

Kreuzer, M. (2011): Zur Beteiligung von Kindern im Gruppenalltag von Kindergärten – Ein Überblick zu Ergebnissen deutscher Integrationsprojekte. In: Kreuzer, M., Ytterhus, B. (Hrsg.), 22–33

–, Ytterhus, B. (Hrsg.) (2011): „Dabeisein ist nicht alles“ – Inklusion und Zusammenleben im Kindergarten. 2. Aufl. Ernst Reinhardt, München/Basel

Kron, M. (2011): Integration als Einigung – Integrative Prozesse und ihre Gefährdungen auf Gruppenebene. In: Kreuzer, M., Ytterhus, B. (Hrsg.), 190–200

– (2006): 25 Jahre Integration im Elementarbereich– Ein Blick zurück, ein Blick nach vorn. Inklusion-Online 1. In: http://bidok.uibk.ac.at/library/inkl-01-06-kron-elementar.html, 15.11.2010

–, Papke, B. (2006): Frühe Erziehung, Bildung und Betreuung von Kindern mit Behinderung. Eine Untersuchung integrativer und heilpädagogischer Betreuungsformen in Kindergärten und Kindertagesstätten. Klinkhardt, Bad Heilbrunn

Landeshauptstadt Hannover (2010): Projekt Koordination Elternbildung. In: https://e-government.hannover-stadt.de/lhhSIMwebdd.nsf/5BD20BB53DE8A099C12576FF003FF075/$FILE/0750-2010_Anlage1.pdf, 15.11.2010

Largo, R., Benz, M. (2003): Spielend lernen. In: Papoušek, M., Gontard, A. v. (Hrsg.): Spiel und Kreativität in der frühen Kindheit. Klett-Cotta, Stuttgart, 56–75

Leu, H. R., Flämig, K., Frankenstein, Y., Koch, S., Pack, I., Schneider, K., Schweiger, M. (2007): Bildungs- und Lerngeschichten. Das Netz, Berlin/Weimar

Lewis, A. C. (2005). The Old, New IDEA. The Education Digest 5, 68–70

Lindmeier, B. (2004): Kinder in Unterversorgungslagen: Wie kann Schule zu einer Ressource werden? In: Schell, J., Sander, A. (Hrsg.): Inklusive Pädagogik. Klinkhardt, Bad Heilbrunn, 111–124

Lindmeier, C. (2004): Geistige Behinderung. In: www.familienhandbuch.de/cmain/f_Aktuelles/a_Behinderung/s_334.html, 29.10.2010

List, G. (2005): Zur Anbahnung mehr- und quersprachiger Kompetenzen in vorschulischen Bildungseinrichtungen. In: Jampert, K., Best, P., Guadatiello, A., Holler, D, Zehnbauer, A. (Hrsg.): Schlüsselkompetenz Sprache. Sprachliche Bildung und Förderung im Kindergarten. Das Netz, Berlin, 29–32

Lueger, D. (2005): Beobachtung leicht gemacht. Beobachtungsbögen zur Erfassung kindlichen Verhaltens und kindlicher Entwicklungen. Beltz, Weinheim

Michaelis, R. (2003): Validierte Grenzsteine der Entwicklung. Infans, Berlin

Mühler, G., Spieß, C. K. (2008): Informelle Förderangebote – Eine empirische Analyse ihrer Nutzung in der frühen Kindheit. In: Rossbach, H.-G., Blossfeld, P. (Hrsg.): Frühpädagogische Förderung in Institutionen. VS, Wiesbaden, 29–46

Müller, T. (2006): Armut von Kindern an Förderschulen. Zur Wahrnehmung eines vielschichtigen Phänomens durch Lehrer an Förderschulen. Behinderte in Familie, Schule und Gesellschaft 1, 42–55

Myschker, N. (2008): Verhaltensstörungen bei Kindern und Jugendlichen. Erscheinungsformen – Ursachen – Hilfreiche Maßnahmen. Kohlhammer, Stuttgart

Nickel, S. (1999): Gesellschaftliche Einstellungen zu Menschen mit Behinderung und deren Widerspiegelung in der Kinder- und Jugendliteratur. In: http://bidok.uibk.ac.at/library/nickel-einstellungen.html, 29.10.2010

Oerter, R. (1999): Psychologie des Spiels. Beltz, Weinheim

Opitz, K. (2002): Gebärden als Chance und Schlüssel zur Kommunikation im Spracherwerb von Kindern mit Down-Syndrom. Unveröffentlichte Examensarbeit, Hannover

Prengel, A. (2010): Inklusion in der Frühpädagogik – Bildungstheoretische, empirische und pädagogische Grundlagen. DJI, München

– (2006): Pädagogik der Vielfalt: Verschiedenheit und Gleichberechtigung in Interkultureller, Feministischer und Integrativer Pädagogik. VS, Wiesbaden

Probst, R. (2008): Stand des Neugeborenen-Hörscreenings in der Schweiz. In: www.phonak.com/content/dam/phonak/b2b/Pediatrics/webcasts/munich/com_mue2008_03_de_probst.pdf, 29.10.2010

Ptok, M. (1997): Das schwerhörige Kind. Deutsches Ärzteblatt 28–29, 1932–1937

Ravens-Sieberer, U., Wille, N., Bettge, S., Erhart, M. (2007): Psychische Gesundheit von Kindern und Jugendlichen in Deutschland. Ergebnisse aus der BELLA-Studie im Kinder und Jugendgesundheitssurvey (KiGGS). Bundesgesundheitsblatt Gesundheitsforschung, Gesundheitsschutz 50, 871–878

Reiser, H. (1999): Annährung an innere Welten und Pfade aus dem Dickicht. Warum es so schwierig ist, schwieriges Verhalten zu beobachten. Lernchancen 16, 10--17

– (1995): Entwicklung und Störung – Vom Sinn kindlichen Verhaltens. In: Reiser, H., Lotz, W. (Hrsg.): Themenzentrierte Interaktion als Pädagogik. Grunewald, Mainz, 177–191

Rice, M. L. (1993): Social Consequences of Specific Language Impairment. In: Grimm, H., Skowronek, H. (Hrsg.): Language Acquisition Problems and Reading Disorders: Aspects of Diagnosis and Intervention. De Gruyter, New York, 111–128

Richter, A. (2000): Wie erleben und bewältigen Kinder Armut? Eine qualitative Studie über die Belastungen aus Unterversorgungslagen und ihre Bewältigung aus subjektiver Sicht von Grundschulkindern einer ländlichen Region. Shaker, Aachen

Ritterfeld, U. (2000): Welchen und wieviel Input braucht ein Kind? In: Grimm, H. (Hrsg.): Enzyklopädie der Psychologie, CIII. Bd. 3: Sprachentwicklung. Hogrefe, Göttingen, 403–432

Robert-Koch-Institut (2007): Die Kiggs-Basispublikation. In: www.kiggs.de/experten/downloads/Basispublikation/Inhalt_KiGGS_Basispublikation_MaiJuni.pdf, 29.10.2010

Rothweiler, M., Babur, E., Kroffke, S. (2007): Spezifische Sprachentwicklungsstörung im Kontext kindlicher Mehrsprachigkeit. Ergebnisse zur Kasusmorphologie in der Erstsprache Türkisch. Sprache, Stimme, Gehör 31, 1–7

Riedel, B. (2005): Integration von Kindern mit Behinderung in Tageseinrichtungen. In: DJI (Hrsg.): Zahlenspiegel 2005. Kindertagesbetreuung im Spiegel der Statistik. DJI, München, 169–182

Riedel, E. (2009): Gutachten zur Wirkung der internationalen Konvention über die Rechte von Menschen mit Behinderung und ihres Fakultativprotokolls auf das deutsche Schulsystem. HEID, Mannheim/Genf

Rutter, M. (2003): Genetic Influences on Risk and Protection. Implications for Understanding Resilience. In: Luthar, S. L. (Hrsg.): Resilience and Vulnerability. Adaption in the Context of Childhood Adversities. Cambridge University Press, Cambridge, 489–509

Seitz, S. (2009): Mittendrin verschieden sein – inklusive Pädagogik in Kindertageseinrichtungen. Studienbrief, Fulda

Strasser, U. (2006): Eine Schule für alle: Integration und Inklusion auch in der Schweiz? Eine Standortbestimmung. Schweizerische Zeitschrift für Heilpädagogik 3, 6–14

Sylva, K., Melhuish, E., Sammons, P., Siraj-Blatchford, I., Taggart, B. (2004): The Effective Provision of Pre-School Education [EPPE] Project. The EPPE Symposium at the British Educational Research Association. BERA, London

Szagun, G. (2000): Sprachentwicklung beim Kind. Beltz, Weinheim

Thiesen, Peter (2003): Beobachten und Beurteilen in Kindergarten, Hort und Heim. Beltz, Weinheim

Tietze, W., Viernickel, S.(2007): Pädagogische Qualität in Tageseinrichtungen für Kinder. Ein nationaler Kriterienkatalog. Cornelsen, Berlin/Düsseldorf/Mannheim

Ulich, M., Mayr, T. (2003): Sismik. Sprachverhalten und Interesse an Sprache bei Migrantenkindern in Kindertageseinrichtungen (Beobachtungsbogen und Begleitheft). Herder, Freiburg

UN (1989): Übereinkommen über die Rechte des Kindes. In: www.national-coalition.de/pdf/UN-Kinderrechtskonvention.pdf, 29.10.2010

Wagner Lenzin, M. (2007): Elternberatung. Die Bedeutung von Beratung in Bewältigungsprozessen bei Eltern mit ihrem Kind mit Behinderung. Haupt, Bern/Stuttgart/Wien

Weiß, H. (Hrsg.) (2000): Frühförderung mit Kindern und Familien in Armutslagen. Ernst Reinhardt, München/Basel

Wenning, N. (2010): Umgang mit Verschiedenheit. Forschungsergebnisse und Forschungsperspektiven. In: Schildmann, U.

(Hrsg.): Umgang mit Verschiedenheit in der Lebensspanne. Klinkhardt, Bad Heilbrunn, 23–35

Wilde, S. (1996): Beziehungen zwischen kommunikativen und psychosozialen Kompetenzen im Vorschulalter. Eine vergleichende Untersuchung von dysphasisch-sprachgestörten und sprachunauffälligen Kindern. Unveröffentlichte Dissertation, Bielefeld

Wilken, Etta (2010): Sprachförderung bei Kindern mit Down-Syndrom. Kohlhammer, Stuttgart

Wong Fillmore, L. (1979): Individual Differences in Second Language Acquisition. Individual Differences in Language Ability and Language Behavior. Academic Press, New York

Wustmann, C. (2004): Resilienz. Widerstandsfähigkeit von Kindern in Tageseinrichtungen fördern. Beltz, Weinheim

Yates, T. M., Egeland, B., Sroufe, L. A. (2003): Rethinking Resilience. A Developmental Process Perspective. In: Luthar, S. S. (Hrsg.): Resilience and Vulnerability. Adaption in the Context of Childhood Adversities. Cambridge University Press, Cambridge 243–266

Ytterhus, B. (2011): „Das Kinderkollektiv“ – Eine Analyse der sozialen Position und Teilnahme von behinderten Kindern in der Gleichaltrigengruppe. In: Kreuzer, M., Ytterhus, B. (Hrsg.), 112–131

Zander, M. (2004): Normalfall Kinderarmut? Konsequenzen für Prävention und Gesundheitsförderung. Wie erleben und bewältigen Kinder im Grundschulalter Armut? Hannover, Vortrag. In: www.gesundheit-nds.de/downloads/zandervortrag.pdf, 29.10.2010

Zettl, M., Wetzel, G., Schlipfinger, V. (2001): Qualität der Integration von Kindern mit erhöhtem Förderbedarf im Kindergarten. Hält der Inhalt, was die Verpackung verspricht? Behinderte in Familie, Schule und Gesellschaft 24, 63–72

Zollinger, B. (2004): Die Entdeckung der Sprache. Haupt, Bern

Sachregister

Armut 44–47
Ausgrenzung 11f, 16
– soziale 44

Beeinträchtigung 7, 32, 38
Behindertenrechtskonvention 13–15, 26–29, 31–33, 34, 40, 89, 113
Behinderung 72
– geistige 72–75
Beobachtung 76, 81f, 89, 92–96
Bildungs- und Lerngeschichten 63, 96f
Blindheit 65, 69,

Diagnostik 53, 66, 88, 115
Dialog 19, 22f, 58, 63, 80, 83f
Dokumentation 52, 89, 92–95

Eltern 9f, 16, 50, 60, 66, 74, 90–93, 95f, 98, 101
Elternarbeit 12, 50
Elternbildung 99–101
Entwicklung 7, 12, 22f, 30, 38, 42f, 47, 54, 92f, 102, 104
Entwicklungsgefährdung 11, 40
Entwicklungsplanung 87
–, individuelle 87

Familie 7, 11, 98–112
Familienzentrum 50, 104
Förderung 8, 23, 32, 44, 79, 88, 91, 112
Frühförderung 16, 40, 65, 68, 111

Grammatik 52, 56, 58, 60
Gruppengröße 104, 108, 117

Heilpädagogisch 14, 28f, 40, 68, 87f, 91, 113
Heterogenität 12f, 16f, 37
Hörschädigung 65–67, 110
Hörstörung 65f

Inklusion 9–16,
Integration 9, 25, 28
–, Organisationsformen der 9f
–, Mehrebenenmodell der 10f
Input 58, 62
–, sprachlicher 58
Interaktion 11f, 19, 22f
Interesse 15, 22, 38, 63, 97

Kinderrechtskonvention 26f, 33
Kommunikation 58, 60–64, 67f
–, gebärdenunterstützte 86f
–, unterstützte 84f
Kooperation 50–52, 65, 70, 93, 98–101
Körperbehinderung 65, 70–72

Mehrdimensionalität 37, 42, 45
Mehrsprachigkeit 60–64
Meilenstein 52f
Mindeststandards 32

Peergroup 11, 61, 80f
Peerinteraktion 11, 58, 62, 76–81

Qualität 8, 16, 22

Resilienz 23f, 49, 112
Rucksack-Programm 101–103,

Schutzfaktor 23, 39f, 49, 103f
Sehstörung 68–72
Spiel 76–81
Spracherwerb 52f, 54, 55

Verhaltensstörung 41f

Vielfalt 8, 13, 16–19, 21, 28

Wortschatz 55f, 60

Zweitspracherwerb 60–64, 102